FÜR UNS!

DIESES BUCH GEHÖRT:

....

....

....

CHRISTIANE KÜHRT

GANZ EASY PAUSE

DIE BESTEN FAMILIENREZEPTE FÜR SCHULE, KITA & UNTERWEGS

SNACKS TO GO

Jeden Tag Wurstbrot zur Pause ist langweilig. Finden Sie doch auch, oder? Es macht zwar satt, gibt aber oft nicht die nötige Power. Und das nicht nur, weil es häufig zu wenig Vitalstoffe liefert, sondern eher, weil es nicht alle Sinne anspricht.

Bunt belegte Doppeldecker, knackige Salate, fruchtige Snacks, Energieraketen, Gute-Laune-Röllchen und selbst gebackene Powerriegel: Das sind meine Rezepte gegen Durchhänger. Übrigens nicht nur für Kita, Schule oder Büro, sondern auch auf Urlaubsfahrten, im Schwimmbad, bei der Radtour oder anderen Familienausflügen.

Zu aufwendig? Stimmt nicht! Mit der richtigen Planung und einem gut sortierten Vorrat ist Abwechslung in der Brotzeitbox viel einfacher als Sie vielleicht denken. Über drei Viertel der Rezepte in diesem Buch sind in maximal 25 Minuten zubereitet, viele davon sogar in einer Viertelstunde. Ganz easy eben.

Kreative Pausensnacks lassen nicht nur jeden Kiosk alt aussehen, leckere Überraschungen von zu Hause machen einfach Freude und bringen ein Stück Geborgenheit in unseren trubeligen Alltag. Für Lieblingsmenschen!

Viele genussvolle Pausen wünscht Ihnen
Christiane Kührt

INHALT

PAUSE, DIE AUCH POWER GIBT

DER PERFEKTE PAUSENVORRAT:

- *Brot*
- *Wraps*
- *Senf*
- *Pesto verde und rosso*
- *Mayonnaise*
- *Tomatenketchup*
- *Milchprodukte*
- *Käse und Frischkäse*
- *frisches Obst*
- *Salat und Gemüse*
- *Nudeln*
- *Reis*
- *Couscous*
- *Cerealien*
- *Konserven, z. B. Essiggurken, Thunfisch, Mais, Bohnen*

Die richtigen Pausensnacks bringen die grauen Zellen in Schwung und helfen, den Tag hellwach und konzentriert zu meistern. Dafür braucht man weder Energydrinks noch Superfoods und auch keine Nährwerttabelle: Viel Vollkorn- und Milchprodukte, Obst und Gemüse sind das Powerfood, das Körper und Geist auf Trab bringt und Leistungstiefs verhindert. Also jeden Tag ein Vollkornbrot, einen Joghurt, einen Apfel und eine Möhre einpacken? Ist zwar gesund, aber auf Dauer ziemlich fade.

So kommt Abwechslung in die Pausenbox

Abwechslung fängt schon im Kleinen an: Nutzen Sie zum Beispiel die Brotvielfalt und ändern Sie immer wieder die Sorten. Das gesündeste Pausenbrot ist ein Brot aus vollem Korn. Saftig, fein vermahlen und dünn geschnitten schmeckt es in der Regel auch Kindern gut. Brote mit Nüssen, Kernen oder geraspelten Möhren kommen besser an als Sorten mit grobem Vollkornschrot. Und absoluten Vollkornmuffeln? Denen geben Sie einfach Sonnenblumen- oder Mischbrot mit. Statt die Brote mit Butter zu bestreichen, probieren Sie mal saure Sahne, Mayonnaise, Ketchup, Senf, Pesto oder Frischkäse. Dünn geschnittene Gurken, Radieschen und Möhren, aber auch Salatblätter oder Sprossen halten das Brot schön saftig, sorgen für Abwechslung und geben extra Powervitamine.

Wer etwas mehr Vorbereitungszeit investiert, dem eröffnen sich unzählige Möglichkeiten für köstliche Pausensnacks: Wraps, Antipasti, Nudel-, Reis- oder Couscous-Salate, Gemüsesuppen, knackige Salate, bei denen das Dressing separat mitgenommen wird, Obstsalate, Quarkspeisen, Milchreis mit Früchten … Die Auswahl wird riesig. Ein gut sortierter Vorrat (siehe Spalte links) unterstützt die Vielfalt. Die meisten Gerichte lassen sich schon am Vortag zu- oder vorbereiten, denn morgens ist die Zeit oft knapp.

Einmal kochen – doppelt lecker

Perfekt für die Pause sind Reste vom Vortag. Reste kann man auch bewusst einplanen und einfach eine größere Menge kochen. Denn: Quiches oder Gemüsekuchen schmecken auch kalt lecker. Pfannkuchen werden für den nächsten Tag zu gefüllten Wraps: mit Sauerrahm bestreichen, mit Salatblättern und Rohkoststiften belegen, eventuell Thunfisch oder Hähnchenfleisch mit einrollen. Der Hot Dog schmeckt auch kalt – mit Würstchen vom Vortag, Rohkoststiften und einem Klecks Ketchup im Brötchen. Salate, wie zum Beispiel Kartoffel- oder Nudelsalat, sind ebenso wie Antipasti lecker zur Pause. Hackbraten oder Hackbällchen werden kalt zum köstlichen Brotbelag, ebenso wie Schnitzel, Braten oder Hähnchenfleisch. Gebratenes Fleisch lässt sich klein geschnitten mit knackigem Gemüse, ein paar Kräutern, einer Vinaigrette oder einem anderen Dressing zum Pausensalat variieren.

Brainfood – Futter fürs Gehirn

Obst und Gemüse enthalten viele Vitalstoffe und gehören immer in die Brotzeitbox. Am besten geputzt und in Stücke geschnitten, denn eine Untersuchung des Forschungsinstituts für Kinderernährung in Dortmund ergab: Kinder essen doppelt soviel Obst und Gemüse, wenn es ihnen mundgerecht als Fingerfood angeboten wird.

Schneiden Sie also Möhren, Kohlrabi, Gurken oder Zucchini in kleine Stifte, Paprika in Streifen, und verwöhnen Sie Ihre Lieben mit Radieschen oder Cocktailtomaten. Süße Schleckermäuler bekommen Beeren, Apfel-, Birnen- und Aprikosenspalten, kernlose Weintrauben oder andere Lieblingsfrüchte. Wichtig: Wählen Sie möglichst regionales Obst und Gemüse der Saison. Das enthält in der Regel weniger Schadstoffe, und der Körper bekommt jeden Monat andere wichtige Vitamine, Mineralstoffe und sekundäre Pflanzenstoffe. Im Winter sind Trockenfrüchte eine perfekte Alternative und sorgen für eine geballte Ladung Energie. Kaufen Sie am besten ungeschwefelte Früchte in Bio-Qualität.

Wahre Nährstoffpakete und gut für Nerven und Konzentration sind Nüsse und Kerne: Streuen Sie Sonnenblumenkerne über den Salat oder aufs Brot, rühren Sie Ihre Lieblingsnüsse unter das Müsli oder geben Sie ein Döschen mit Nüssen, Kernen oder Studentenfutter zum Knabbern mit zur Pause.

Pausengetränk nicht vergessen

Fehlt dem Körper Flüssigkeit, kann er nicht mehr richtig arbeiten. Man wird müde, unkonzentriert, kann sogar Kopfschmerzen bekommen. Das gesündeste Pausengetränk ist Wasser, aber auch ungesüßte Früchte- und Kräutertees, verdünnte Obst- und Gemüsesäfte sind in Ordnung. Und für alle, die zur Pause keinen Appetit auf Essen haben, ist Milch, Kakao, Trinkjoghurt oder ein Smoothie eine gesunde Alternative. Perfekte Pausendrinks finden Sie auf Seite 82/83.

SPASS IN DER BOX

Witzige Snack-Ideen mit Obst und Gemüse, die auch Vitaminmuffel übrzeugen, finden Sie auf Seite 34/35.

GUT VERPACKT – ALLES WAS FRISCH HÄLT

Egal ob Brote, Salate oder andere Pausensnacks: Sie schmecken nur, wenn sie auch appetitlich aussehen und frisch bleiben. Weil oft Stunden vergehen, bis sie gegessen werden, ist die richtige Verpackung entscheidend. Aber: Nicht jede ist für die gleichen Lebensmittel geeignet.

BUTTERBROTPAPIER UND BUTTERBROTTÜTEN

Sie sind in der Regel aus fettdichtem Spezialpapier und schützen Pausenbrote und Gebäck für einige Stunden vor dem Austrocknen. Vor Sauerstoff, Temperatur oder Licht schützen sie nicht, auch feuchten sie schnell durch. Ich finde Brotpapier praktisch, weil es belegte Sandwiches oder Burger gut zusammenhält und nutze es, wenn Brot mit anderen Zutaten, wie Obst oder Rohkost, in eine Brotdose kommt, denn Brotkrümel an Äpfeln oder Gurken kann ich gar nicht leiden.

ALUMINIUMFOLIE

Alufolie ist hitze- wie kältebeständig und undurchlässig. Sie schützt Lebensmittel am besten vor Sauerstoff und somit gegen Aroma-, Nährstoff-, und Farbveränderungen. Brot und Backwaren, aber auch gebratene Speisen lassen sich mit Alufolie frisch halten.

Aber Achtung: Aluminiumfolien dürfen nicht mit säure- oder salzhaltigen Lebensmitteln, wie z.B. geschnittenem Obst, Essiggurken, Tomaten, Schinken oder Laugengebäck in Berührung kommen. Bei Kontakt mit solchen Lebensmitteln kann sich Aluminium aus der Folie lösen, ebenso wie beim Abdecken von Lebensmitteln in Metallgefäßen.

FRISCHHALTEFOLIE

Sie ist perfekt zum Frischhalten von Lebensmitteln mit relativ hohem Wasser- oder Fettgehalt, z.B. für Wurst, Käse oder aufgeschnittenes Obst. Frischhaltefolie lässt zwar keine Feuchtigkeit passieren und hält Keime und Bakterien ab, sie ist aber durchlässig für Gerüche und Sauerstoff. Durch die Luftdurchlässigkeit gehen Nährstoffe verloren und das Aussehen kann sich verändern. Bei kurzfristigem Aufbewahren kein Problem, für längere Lagerung sind luftdichte Beutel die bessere Wahl.

KUNSTSTOFF- ODER METALLBEHÄLTER

Pausenboxen sind stoßfest und schützen die Lebensmittel wie Brote und Sandwiches, Obst und Rohkost vor dem Zerdrücken in der Tasche oder im Schulranzen. Sie sind, weil wasch- und wiederverwendbar, eine umweltfreundliche Alternative.

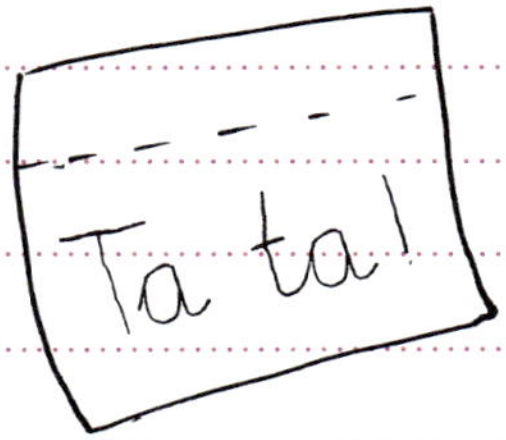

ÜBERRASCHUNG

Ein kleiner Gruß auf der Brotzeit macht den Alltag schöner. *Auf Seite 20/21 finden Sie Anregungen für besondere Pausentüten.*

Doch da sich in den Behältern bei Temperaturunterschieden nach einiger Zeit Schwitzwasser bildet, ist manchmal eine Extra-Verpackung oder ein Stück Küchenkrepp in der Box nötig.

Wer mehrere Lebensmittel darin transportieren möchte, sollte auf Pausenboxen mit Einteilungen achten oder die unterschiedlichen Lebensmittel in Extra-Dosen verpacken. Denn: Gebäckkrümel, die an Früchten oder Rohkost hängen oder ein Obststück, das nach Käse schmeckt, sind besonders bei Kindern oft Gründe, warum der Pausensnack nicht gegessen wird.

GLÄSER MIT VERSCHLUSS

Gläser zum Mitnehmen sind voll im Trend und ebenfalls umweltfreundlich, denn auch sie kann man spülen und immer wieder verwenden. Darin lassen sich Salate, Müslis, Quark, Joghurt und alles was feucht ist perfekt mitnehmen. Achten Sie darauf, dass die Gläser einen dichten Schraubverschluss haben oder kaufen Sie Einmachgläser mit einem Deckel mit Gummiring und Schnappverschluss.

THERMOGEFÄSSE

Gefäße, die die Temperatur halten, gibt es nicht nur für Getränke, sondern auch für Essen. Im Sommer sind sie perfekt, um Speisen kühl zu halten, und im Winter lassen sich darin warme Mahlzeiten mitnehmen. Bruchsicher sind Speisegefäße aus doppelwandigem Edelstahl. Sie halten das Essen etwa 6 Stunden kalt oder heiß.

Vorbereitung spart Zeit

Wer am Abend alles für Frühstück und Pausenbrotzeit vorbereitet, spart wertvolle Minuten am Morgen. Stellen Sie Geschirr, Brotzeitboxen und Getränke bereit. Waschen Sie Obst und Gemüse. Wenn's schnell gehen muss, können Sie es am Vorabend klein schneiden und in luftdichten Boxen in den Kühlschrank stellen.

Gewaschener und gut abgetropfter Blattsalat hält sich, ebenso wie frische Kräuter, in gut schließenden Schüsseln einige Tage und kann dann jeden Morgen fürs Pausenbrot herausgenommen werden. Kälteunempfindliche Kräuter, wie zum Beispiel Schnittlauch, Petersilie oder Dill, lassen sich klein geschnitten in kleinen Dosen einfrieren und sind jederzeit einsatzbereit. Dressing für Salate auf Essig-Öl-Basis können Sie fertig gemixt in Flaschen mit Schraubverschluss abfüllen. So haben Sie einen perfekten Vorrat für mehrere Tage.

Viele Salate, Antipasti, Suppen und süße Snacks aus diesem Buch lassen sich schon am Vortag zubereiten und im Kühlschrank aufbewahren. Auch wenn ich persönlich belegte Brote lieber frisch mag: Gut eingewickelt überstehen Vollkorn- und Mischbrote auch eine Nacht im Kühlschrank.

GLÄSER TO GO

Wie Sie Einmachgläser zu einem persönlichen Lieblings-Pausengefäß machen können, sehen *Sie auf Seite 44/45.*

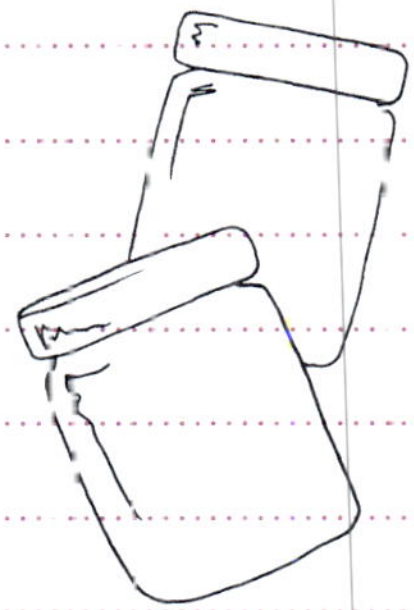

CHILI
MIT
KERNEN

KAPITEL 1

BELEGT & GEFÜLLT

Sie werden sehen: Manchmal genügen schon Kleinigkeiten, wie ein, zwei Blätter Salat oder Gemüsestreifen, um Brot und Brötchen zu interessanten Snacks zu machen. Blitzschnell püriert sind aber auch vegetarische Aufstriche eine leckere Alternative zu Wurst und Käse. Und für noch mehr Abwechslung sorgen Wraps, Teigtäschchen und Burger, die sich stressfrei am Vortag zubereiten lassen. Probieren Sie's aus und freuen Sie sich danach über leergeputzte Brotdosen.

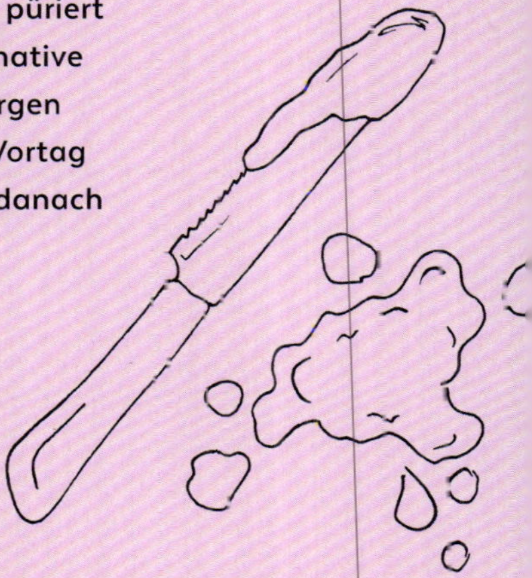

POWERECKEN

Die mild-fruchtige Rote-Bete-Creme schmeckt gerade Kindern gut. Deshalb wird in diesem Rezept gleich die doppelte Menge zubereitet. Sie hält sich im Kühlschrank gut verschlossen 3 bis 5 Tage.

1 Die Rote Bete grob zerkleinern und mit den Sonnenblumenkernen zu einer glatten Creme pürieren. Den Meerrettich untermixen. Die Creme mit Salz und Zitronensaft abschmecken.

2 Alle Vollkornbrotscheiben mit der Creme bestreichen. Die übrige Creme als Vorrat in den Kühlschrank stellen.

3 Die Hälfte der Brote mit den Apfelspalten belegen, die übrigen Brote mit der Cremeseite nach unten darüberklappen. Die Brote diagonal durchschneiden.

ZUTATEN

FÜR 4 PERSONEN
250 g Rote Bete (vorgegart und vakuumiert)
100 g Sonnenblumenkerne
3 EL Sahnemeerrettich oder Meerrettich (aus dem Glas)
Salz · 2–3 TL Zitronensaft
8 eckige Scheiben Vollkornbrot (am besten selbst gebacken, siehe unten)
1 kleiner Apfel (in dünnen Spalten)

ca. 10 Min.

BLITZ-VOLLKORNBROT

1 In einer großen Schüssel das Mehl mit den Haferflocken, 2 TL Salz, der Trockenhefe und dem Zucker mischen. Walnusskerne und Kürbiskerne im Blitzhacker grob hacken und mit den Sonnenblumenkernen zum Mehl geben.

2 Apfelessig, Öl und ½ l warmes Wasser dazugeben und alles mit den Knethaken des Handrührgeräts zu einem glatten Teig rühren.

3 Eine Kastenform mit 30 cm Länge mit Backpapier auslegen – das ist wichtig, sonst klebt der Teig gern an der Form – und den Teig einfüllen. Die Teigoberfläche mit einem Messer längs etwa 2 cm tief einritzen. Die Backform in den kalten Backofen stellen und das Brot bei 180 °C etwa 1 Stunde backen. Mit dem Backpapier aus der Form heben und abkühlen lassen.

ZUTATEN

FÜR 1 BROT
450 g Dinkelvollkornmehl
100 g Haferflocken
Salz
1 Päckchen Trockenhefe
1 TL Zucker
100 g Walnusskerne
70 g Kürbiskerne
50 g Sonnenblumenkerne
2 EL Apfelessig · 2 EL Öl

ca. 20 Min. + 1 Std. Backzeit

+ RED SPEEDY

MIT VAKUUMIERTER ROTER BETE BLITZ-SCHNELL GEMACHT – WER MEHR ZEIT HAT, KANN DIE CREME AUCH MIT FRISCH GEKOCHTER ROTER BETE ZUBEREITEN.

VEGGI-
AUFSTRICH
AUBERGINEN
CREME

LECKERES FÜR OBENDRAUF –

DIE REZEPTE DAZU FINDEN SIE AUF DEN SEITEN 14/15.

VEGGIE-AUFSTRICH

1 Die Bohnen in ein Sieb gießen, mit kaltem Wasser abspülen und abtropfen lassen. Die Frühlingszwiebel putzen, waschen und das grobe Grün entfernen. Frühlingszwiebel in Ringe schneiden.

2 Die Bohnen mit der Frühlingszwiebel, dem Tahin, dem Zitronensaft, Ras el Hanout und Salz cremig pürieren. Wenn nötig noch 1 EL Wasser dazugeben. Zuletzt die Petersilie kurz untermixen und den Aufstrich nach Belieben noch mal nachwürzen.

3 Ein Einmachglas mit Schraubdeckel kochend heiß ausspülen, den Aufstrich einfüllen und verschließen. Hält sich im Kühlschrank mindestens 2 bis 3 Tage.

ZUTATEN

FÜR 1 KLEINES EINMACHGLAS
1 kleines Glas weiße Bohnen (255 g Abtropfgewicht)
1 Frühlingszwiebel
2 TL Tahin (Sesampaste)
2 EL Zitronensaft
Ras el Hanout (orientalische Gewürzmischung, ersatzweise Paprikapulver)
Salz
2–3 EL gehackte Petersilie

ca. 10 Min.

AUBERGINENCREME

1 Die Aubergine waschen, Fruchtansatz abschneiden und das Fruchtfleisch in runde, dicke Scheiben schneiden. Die Kräuter waschen, trocken schütteln und grob zerkleinern.

2 Das Olivenöl in einer Pfanne erhitzen. Die Auberginenscheiben darin bei mittlerer Hitze auf jeder Seite 3 bis 4 Minuten braten. Mit Kräutersalz und Pfeffer würzen. Mit dem Frischkäse und den Kräutern zu einer glatten Creme pürieren. Nach Belieben noch mal nachwürzen.

3 Ein Einmachglas mit Schraubdeckel kochend heiß ausspülen, den Aufstrich einfüllen und verschließen. Hält sich im Kühlschrank mindestens 2 bis 3 Tage.

ZUTATEN

FÜR 1 KLEINES EINMACHGLAS
1 Aubergine
1 Handvoll Kräuter (Basilikum, Bärlauch oder Petersilie)
1 EL Olivenöl
Kräutersalz
Pfeffer aus der Mühle
4 EL Doppelrahm-Frischkäse

ca. 15 Min.

AUFSTRICH MEDITERRAN

1 Den Rosmarin waschen und trocken schütteln. Die Nadeln abzupfen und sehr fein hacken. Die Frühlingszwiebel putzen, waschen und das grobe Grün entfernen. Frühlingszwiebel in Ringe schneiden.

2 Zucchini und Tomate waschen und grob würfeln. Mit dem grob zerbröckelten Feta, der Frühlingszwiebel, dem Pesto rosso und etwas Pfeffer cremig pürieren. Zuletzt den fein gehackten Rosmarin untermixen und den Aufstrich noch mal abschmecken.

3 Ein Einmachglas mit Schraubdeckel kochend heiß ausspülen, den Aufstrich einfüllen und verschließen. Hält sich im Kühlschrank mindestens 2 bis 3 Tage.

ZUTATEN

FÜR 1 KLEINES EINMACHGLAS
1–2 Zweige Rosmarin
1 Frühlingszwiebel
1 kleines Stück Zucchini (ca. 50 g)
1 Cocktailtomate
200 g Feta (Schafskäse)
1 EL Pesto rosso (aus dem Glas)
Pfeffer aus der Mühle

ca. 10 Min.

ORIENT-AUFSTRICH

1 Den Feta grob zerbröckeln und mit dem Mangofruchtfleisch kurz pürieren.

2 Den Honig, den Zitronensaft, Curry- und Chilipulver dazugeben, alles zu einem cremigen Aufstrich pürieren. Nach Belieben noch mal nachwürzen.

3 Ein Einmachglas mit Schraubdeckel kochend heiß ausspülen, den Aufstrich einfüllen und verschließen. Hält sich im Kühlschrank mindestens 2 bis 3 Tage.

ZUTATEN

FÜR 1 KLEINES EINMACHGLAS
200 g Feta (Schafskäse)
100 g gewürfeltes Mangofruchtfleisch
1 EL Honig
1 EL Zitronensaft
ca. 1 TL Currypulver
1 Msp. Chilipulver

ca. 10 Min.

SANDWICH MIT AUSBLICK

Mit diesem Doppeldecker können Sie punkten: ganz einfach, blitzschnell gemacht und immer eine liebevolle Überraschung. Nicht nur für Kinder!

1 Die Brotscheiben nach Belieben toasten oder ungetoastet lassen. Aus 4 Scheiben mit einer Plätzchenform 1 bis 2 kleine Motive ausstechen, zum Beispiel Herzen, Sterne, Autos oder Teddybären.

2 Die restlichen Brotscheiben mit der Erdbeerkonfitüre bestreichen. Die Erdbeeren waschen, putzen und in dünne Scheiben schneiden. Die Erdbeerscheiben gleichmäßig auf der Konfitüre verteilen. Den Frischkäse vorsichtig darüberstreichen.

3 Die Brotscheiben mit den Motiven darüberlegen. Zuletzt in die ausgestochenen Löcher entweder etwas Konfitüre füllen oder Streusel hineinstreuen. Die ausgestochenen Brotmotive mit in die Box legen.

ZUTATEN

FÜR 4 DOPPELDECKER
8 Scheiben Toast oder Kastenweißbrot
4 TL Erdbeerkonfitüre
ca. 10 Erdbeeren
4 EL Doppelrahmfrischkäse
Erdbeerkonfitüre, Zucker- oder Schokostreusel zum Verzieren

ca. 15 Min.

Zubehör:
1 kleine Ausstechform, z. B. Herz, Stern, Auto oder Teddybär

MIT LIEBLINGSOBST

Statt Erdbeeren schmecken die Doppeldecker zum Beispiel auch mit dünnen Apfel-, Birnen-, Pfirsich- oder Nektarinenscheiben und der passenden Konfitüre. Leckermäulchen lieben Doppeldecker mit Nuss-Nugat-Creme und Banane.

HERZHAFT GEFÜLLT

Brote mit Frischkäse oder den Aufstrichrezepten von Seite 14 und 15 bestreichen und fein geschnittene Schnittlauchröllchen gleichmäßig darüberstreuen. Die Brote mit den ausgestochenen Motiven daraufsetzen.

MIT VOLLKORNBROT

Sandwiches mit Ausblick machen oft auch Vollkornbrot für Kids attraktiv. Kaufen Sie dann aber nicht körnige, sondern saftige, fein vermahlene Vollkornbrotsorten. Die lassen sich besser ausstechen und Kinder mögen sie sowieso viel lieber.

KINDER-
LIEBLING
Guten Appetit

VOLLKORNBRÖTCHEN MIT EIERSALAT

Natürlich kann man Eiersalat fertig in der Kühltheke kaufen. Er ist aber auch in einer Viertelstunde selbst gemacht und kann dann ganz nach persönlichem Geschmack verändert und gewürzt werden.

1 Die Eier in einem Topf mit Wasser etwa 8 Minuten hart kochen, kalt abschrecken und abkühlen lassen.

2 Die Mayonnaise mit der sauren Sahne, 1 Prise Zucker und dem Zitronensaft in einer kleinen Schüssel verrühren.

3 Den Staudensellerie waschen und in sehr kleine Würfel schneiden. Die Eier pellen und ebenfalls klein würfeln. Staudensellerie, Eier und Schnittlauchröllchen in die Sauce geben und alles mischen. Den Eiersalat mit Salz und Pfeffer würzen.

4 Die Vollkornbrötchen längs halbieren und den Eiersalat auf die unteren Hälften verteilen. Brötchendeckel darüberklappen.

ZUTATEN

FÜR 4 BRÖTCHEN
4 Eier
4 EL Mayonnaise (aus dem Glas)
4 EL saure Sahne
Zucker
1 TL Zitronensaft
1 Stange Staudensellerie
2 EL Schnittlauchröllchen
Salz · Pfeffer aus der Mühle
4 Vollkornbrötchen

ca. 15 Min.
+ ca. 15 Min. Abkühlzeit für die Eier

MIT GURKE

Statt oder zum Staudensellerie noch 2 EL fein gewürfelte Salat- oder Essiggurken unter den Eiersalat rühren. 1 EL saure Sahne durch Senf ersetzen.

MIT TOMATE

Statt Staudensellerie 1 fein gewürfelte Tomate, aber ohne den Tomatensaft, unter den Eiersalat rühren. 1 EL Mayonnaise durch Tomatenketchup ersetzen.

MIT APFEL

Statt oder zum Staudensellerie 2 EL fein gewürfelten Apfel und 1 TL fein gehackte Walnusskerne unter den Eiersalat rühren.

BLÄTTERTEIGTÄSCHCHEN MIT RICOTTAFÜLLUNG

Zum Abendessen gibt's warme Blätterteigtäschchen mit gemischten Blattsalaten. Und die übrigen Teigtäschchen kommen am nächsten Tag kalt in die Brotzeitbox.

1 Den Ofen auf 200 °C vorheizen. Das Backblech mit Backpapier belegen. Den Blätterteig nebeneinander auf die Arbeitsfläche legen und auftauen lassen.

2 Den Rucola waschen, trocken schütteln und grob zerkleinern. Tomaten leicht abtropfen lassen. Das Ei trennen. Das Eigelb mit dem Ricotta, Rucola, den Walnusskernen und dem Parmesan in einem hohen Rührbecher fein pürieren. Mit Salz und Pfeffer würzen.

3 Den Teig mit einer Gabel mehrmals einstechen, damit er schön aufgeht. Jeweils einen Klecks Ricottamasse in die Mitte der Teigquadrate setzen. Die Ränder mit etwas verquirltem Eiweiß bepinseln und den Teig zu Dreiecken falten, Ränder festdrücken. Die Oberfläche mit etwas Wasser bestreichen und mit gehackten Walnüssen bestreuen. Die Blätterteigtäschchen im Ofen auf der mittleren Schiene etwa 20 Minuten backen.

ZUTATEN

FÜR 10 STÜCK

1 Packung TK-Blätterteig (450 g, 10 quadratische Scheiben)
ca. 10 Rucolablätter
6 getrocknete Tomaten (in Öl)
1 Ei · 250 g Ricotta
40 g Walnusskerne
2 EL geriebener Parmesan
Salz · Pfeffer aus der Mühle
gehackte Walnüsse zum Bestreuen

ca. 15 Min.
+ ca. 10 Min. Auftauzeit
+ ca. 20 Min. Backzeit

MIT SPINATFÜLLUNG

Statt Rucola 1 Handvoll jungen Spinat verlesen und waschen. Die Blätter abtropfen lassen und mit dem Ricotta und den übrigen Zutaten pürieren.

MIT PAPRIKAFÜLLUNG

Als Füllung 1 Frühlingszwiebel in feine Ringe schneiden, ½ Paprikaschote fein würfeln. Beides unter 250 g Ricotta heben, mit Salz, Pfeffer und Paprikapulver würzen.

MIT BRATWURSTBRÄT

Die Brätmasse von etwa 6 rohen Rostbratwürstchen aus der Wurstpelle herausdrücken und in einer Pfanne krümelig anbraten. Teig mit dieser würzigen Masse füllen.

PAUSENTÜTEN

DAFÜR BRAUCHT MAN:

- FRÜHSTÜCKSBEUTEL 
- CUTTER 
- ETIKETTEN-PRÄGEGERÄT 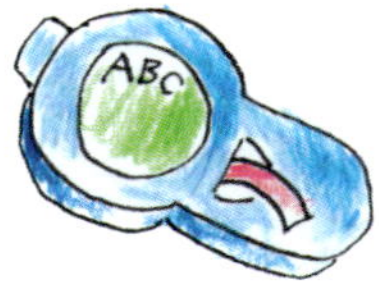

- ETIKETTENBAND IN VERSCHIEDENEN FARBEN 
- FILZSTIFT
- KLEBEETIKETTEN 
- MASKING TAPE 

- ZAHNSTOCHER 
- SCHERE

① FRÜHSTÜCKSBEUTEL OBEN CA. 4 CM UMSCHLAGEN. AUF DIESEM STÜCK MIT DEM CUTTER LÄNGS 2 KLEINE SCHNITTE DURCH ALLE LAGEN EINRITZEN.

② MIT DEM PRÄGEGERÄT NAMEN ODER GRÜSSE PRÄGEN & AUF DIE BEUTEL KLEBEN. ODER: GRÜSSE PER HAND DARAUF SCHREIBEN. ODER: KLEBEBUCHSTABEN ZU WORTEN FORMEN. 

ODER: BEUTEL MIT AUFKLEBERN VERZIEREN.

③ JE EIN STÜCK MASKING TAPE UM ZAHNSTOCHER KLEBEN & ZUM FÄHNCHEN SCHNEIDEN. DIESE DURCH DIE EINGERITZTEN SCHNITTE STECKEN & GEFÜLLTE BEUTEL DAMIT VERSCHLIESSEN. 

ANNA
LECKER
Have a Break
HAVE A BREAK
LECKER
JULIAN
PiA
STULLE TO GO
JETZT IST PAUSE
PAUL

once upon
a time...

GUTE-LAUNE-RÖLLCHEN

Wer mag, verdoppelt die Zutaten und genießt die sonnengelben Pfannkuchen einmal als warmes Mittag- oder Abendessen und einmal kalt als Pausensnack. Die Röllchen lassen sich am Vortag zubereiten und bleiben im Kühlschrank frisch.

ZUTATEN

FÜR 4 STÜCK
150 g Mehl
3 Eier
400 ml Milch
Salz
gemahlene Kurkuma
Öl oder Butterschmalz zum Ausbacken
¼ Paprikaschote
½ Bund Rucola
200 g Frischkäse aus Kuh- oder Ziegenmilch
Pfeffer aus der Mühle

ca. 30 Min.

1. Das Mehl mit den Eiern und der Milch in einer Schüssel zu einem glatten Pfannkuchenteig rühren. Mit Salz und Kurkuma würzen.

2. Öl oder Butterschmalz in einer beschichteten Pfanne erhitzen und aus dem Teig nacheinander 4 dünne Pfannkuchen ausbacken. Kalt werden lassen.

3. Die Paprikaschote waschen, entkernen und in ganz feine Würfel schneiden. Den Rucola verlesen, waschen und trocken schütteln, grobe Stiele entfernen. Die Hälfte der Blätter ganz lassen, den Rest fein hacken. Den Frischkäse in einer kleinen Schüssel mit den Paprikawürfelchen und dem gehackten Rucola verrühren. Die Masse mit Salz und Pfeffer würzen.

4. Die Frischkäsemasse auf die kalten Pfannkuchen streichen. Den restlichen Rucola darauf verteilen und jeden Pfannkuchen fest aufrollen. Die Rollen in kleine Stücke schneiden und nach Belieben auf Spieße stecken.

Tipp:

Pfannkuchenröllchen lassen sich nach Herzenslust füllen: Mit gebratenen Gemüsescheiben, mit Kräuterquark oder den Aufstrichen von Seite 14/15. Süßen Schleckermäulchen schmeckt eine Füllung aus Doppelrahmfrischkäse oder Quark und Konfitüre oder Fruchtmus. Dann aber nur 1 Prise Salz in den Teig geben, die Kurkuma weglassen und etwas Zucker dazugeben.

mmh!

GEMÜSEWRAPS

Diese flotten Rollen machen jede Pause zum Erlebnis. Meine Empfehlung: Das Gemüse nur kurz braten, damit es schön knackig bleibt!!

1 Den Rucola verlesen, waschen und trocken schütteln, grobe Stiele entfernen. Die Zwiebel schälen und in feine Ringe schneiden. Die Paprikaschote längs halbieren, entkernen, waschen und in feine Streifen schneiden. Die Aubergine und die Zucchini waschen und das Fruchtfleisch in feine Scheiben schneiden. Auf beiden Seiten mit Salz und Pfeffer würzen.

2 Je 1 EL Öl in zwei großen Pfannen erhitzen. In einer Pfanne die Zwiebel mit den Paprikastreifen bei mittlerer Hitze etwa 5 Minuten dünsten, leicht mit Salz und Pfeffer würzen. In der anderen Pfanne die Auberginen- und Zucchinischeiben auf jeder Seite etwa 3 Minuten andünsten.

3 Die Tortillas mit saurer Sahne bestreichen und mit Rucola, Zwiebel, Paprika, Auberginen- und Zucchinischeiben mittig belegen. Die Tortillas unten etwa 3 cm breit einschlagen, dann von einer Seite aufrollen. Den unteren Teil am besten in Brotpapier einwickeln, dann lässt sich der Wrap perfekt aus der Hand essen.

ZUTATEN

FÜR 4 STÜCK
½ Bund Rucola
1 Zwiebel
1 rote Paprikaschote
½ Aubergine
½ Zucchini
Salz
Pfeffer aus der Mühle
2 EL Öl
4 große Weizentortillas
6 EL saure Sahne

ca. 25 Min.

MIT PEP

Eingelegte Jalapeños aus dem Glas fein hacken und auf der sauren Sahne verteilen. Oder: Scharfe Paprikapaste als erste Schicht auf die Wraps streichen.

MIT FLEISCH

Belegen Sie die Wraps zusätzlich mit dünn geschnittenem, angebratenem Hähnchen- oder Putenfleisch, das Sie vorher mit Gyrosgewürz bestreuen.

OHNE HERD

Wer kein Gemüse braten möchte, nimmt für die Füllung 1 Avocado, 2 Frühlingszwiebeln, 1 Tomate, ½ Paprikaschote und 4 knackige Salatblätter.

ZUCCHINI

AROMATISCH UND SAFTIG MIT GEBRATENEN ZUCCHINI-SCHEIBEN

PARMASCHINKEN

WIE IN BELLA ITALIA MIT MOZZARELLA UND RUCOLA

THUNFISCH

WÜRZIG UND CREMIG MIT KAPERN, PETERSILIE UND SAUERRAHM

AVOCADO

SAMTIG UND PIKANT MIT TOMATEN, SCHNITTLAUCH, ZITRONE UND CHILI

ZUCCHINI-TRAMEZZINI

1 Die Zucchini waschen, trocken tupfen und längs in Scheiben schneiden. Auf beiden Seiten mit Salz und Pfeffer würzen. Das Öl in einer großen Pfanne erhitzen und die Zucchini darin auf jeder Seite bei mittlerer Hitze 2 bis 3 Minuten braten. Leicht abkühlen lassen.

2 Das Tramezzini-Brot in Quadrate schneiden. Nach Belieben toasten oder ungetoastet lassen. Jede Scheibe mit Ziegenfrischkäse oder Schafskäse bestreichen. Die Hälfte der Scheiben mit den Zucchini belegen. Basilikumblätter waschen, trocken tupfen und auf den Zucchini verteilen. Die restlichen Brotscheiben darüberklappen und die Tramezzini diagonal in Dreiecke schneiden.

ZUTATEN

FÜR 10 TRAMEZZINI-DREIECKE
2 kleine Zucchini
Kräutersalz
Pfeffer aus der Mühle
2 EL Öl
1 Packung Tramezzini-Brot (350 g) oder 10 Scheiben Toastbrot ohne Rinde
200 g Ziegenfrischkäse oder streichfähiger Schafskäse
1 Handvoll Basilikumblätter

ca. 20 Min.

SCHINKEN-TRAMEZZINI

1 Das Tramezzini-Brot in Quadrate schneiden. Nach Belieben toasten oder ungetoastet lassen. Den Mozzarella abtropfen lassen und in Scheiben schneiden. Den Rucola verlesen, waschen und trocken schütteln, grobe Stiele entfernen. Den Rucola in grobe Stücke schneiden.

2 Die Hälfte der Brote mit den Mozzarellascheiben belegen und leicht mit Salz bestreuen. Den Parmaschinken darüberlegen und den Rucola darauf verteilen. Die restlichen Brotscheiben darüberklappen und die Tramezzini diagonal in Dreiecke schneiden.

ZUTATEN

FÜR 10 TRAMEZZINI-DREIECKE
1 Packung Tramezzini-Brot (350 g) oder 10 Scheiben Toastbrot ohne Rinde
2 Kugeln Mozzarella (à 125 g)
½ Bund Rucola
Tomaten-Mozzarella- oder Kräutersalz
10 Scheiben Parmaschinken

ca. 10 Min.

THUNFISCH-TRAMEZZINI

1 Das Tramezzini-Brot in Quadrate schneiden. Den Thunfisch abtropfen lassen und mit einer Gabel grob zerpflücken. Die Kapern abtropfen lassen und mit der Petersilie unter den Thunfisch mischen.

2 Die saure Sahne und 3 EL Mayonnaise verrühren und unter den Thunfisch mischen. Die Masse mit Pfeffer würzen und 5 Scheiben Tramezzini-Brot damit bestreichen.

3 Die Gurke waschen, in feine Scheiben schneiden und auf die Thunfischmasse legen. Die restlichen Brotscheiben mit der restlichen Mayonnaise bestreichen und darüberklappen. Die Tramezzini diagonal in Dreiecke schneiden.

ZUTATEN

FÜR 10 TRAMEZZINI-DREIECKE

1 Packung Tramezzini-Brot (350 g) oder 10 Scheiben Toastbrot ohne Rinde
2 Dosen Thunfisch (im eigenen Saft; à 160 g Abtropfgewicht)
2–3 EL Kapern
2 EL gehackte Petersilie
4 EL saure Sahne • 5 EL Mayonnaise • Pfeffer aus der Mühle
½ Bio-Salatgurke

ca. 10 Min.

AVOCADO-TRAMEZZINI

1 Das Tramezzini-Brot in Quadrate schneiden. Die Avocados halbieren und den Kern entfernen. Das Fruchtfleisch mit einem Löffel aus der Schale lösen und mit einer Gabel zerdrücken. Die Tomaten waschen und in kleine Würfel schneiden, dabei die Stielansätze entfernen. Tomatenwürfel mit den Schnittlauchröllchen unter das Avocadopüree mischen und das Ganze mit Zitronensaft, Salz, Chilipulver oder Pfeffer würzen.

2 Die Hälfte der Brote mit der sauren Sahne bestreichen. Die Avocadomasse drauf verteilen. Die restlichen Brotscheiben darüberklappen und und die Tramezzini diagonal in Dreiecke schneiden.

ZUTATEN

FÜR 10 TRAMEZZINI-DREIECKE

1 Packung Tramezzini-Brot (350 g) oder 10 Scheiben Toastbrot ohne Rinde
2 kleine Avocados
2 Tomaten
2 EL Schnittlauchröllchen
1 EL Zitronensaft • Salz
Chilipulver oder Pfeffer aus der Mühle • 5 EL saure Sahne

ca. 15 Min.

KICHERERBSEN-BURGER

Die Kichererbsentaler schmecken auch warm lecker. Also vielleicht gleich die doppelte Menge zubereiten und eine Hälfte frisch aus der Pfanne genießen.

1 Die Petersilie waschen und trocken schütteln. Die Blätter abzupfen und fein hacken. Die Paprikaschote entkernen und waschen. Etwa ein Drittel der Paprika in sehr feine Würfel schneiden, den Rest in sehr feine Streifen schneiden. Die Frühlingszwiebeln putzen, waschen und das grobe Grün entfernen. Frühlingszwiebeln in sehr feine Ringe schneiden. Salatblätter waschen und trocken tupfen.

2 Die Kichererbsen in einem Sieb abtropfen lassen. Mit der Brühe pürieren. 1 EL Öl, das Ei, die Semmelbrösel, das Mehl und die Gewürze dazugeben und untermixen. Petersilie, Paprikawürfel und Frühlingszwiebelringe unterheben und die Masse noch mal abschmecken.

3 Das restliche Öl in einer beschichteten Pfanne erhitzen. Aus der Kichererbsenmasse 4 gleich große Taler formen und mit Semmelbröseln panieren. Die Taler im Öl bei mittlerer Hitze auf jeder Seite etwa 8 Minuten braten.

4 Inzwischen die Brötchen halbieren. Die saure Sahne mit der Mayonnaise verrühren, mit Salz und etwas Chilipulver abschmecken. Alle Brötchenhälften damit bestreichen. Die unteren Hälften mit den Salatblättern, den Kichererbsentalern und den Paprikastreifen belegen. Die oberen Hälften daraufsetzen. Zum Mitnehmen einzeln fest in Brotpapier einpacken.

ZUTATEN

FÜR 4 STÜCK

½ Bund Petersilie
½ Paprikaschote
2 Frühlingszwiebeln
4 Salatblätter
1 Glas gegarte Kirchererbsen (ca. 200 g Abtropfgewicht)
50 ml Gemüsebrühe (Instant)
4 EL Öl
1 Ei
3 EL Semmelbrösel + Semmelbrösel zum Panieren
1 EL Mehl
Salz · Pfeffer aus der Mühle
Chilipulver, Korianderpulver und gemahlener Kreuzkümmel
4 Hamburger-Brötchen
4 EL saure Sahne
1 EL Mayonnaise

ca. 30 Min.

+ DOPPELT GESUND

DIE KICHERERBSENTALER PASSEN AUCH GUT AUF VOLLKORNBROT UND -BRÖTCHEN.

CHICKENBAGUETTE „BOLLYWOOD"

Hähnchenbrustfilet lässt sich vielseitig zubereiten: als Schnitzel, als Nuggets, gefüllt oder geschnetzelt. Und wenn es mal wieder Hähnchen gibt, brutzeln Sie doch gleich etwas mehr davon für leckere Chickenbaguettes.

ZUTATEN

FÜR 4 STÜCK
250 g Hähnchenbrustfilet
Salz
Pfeffer aus der Mühle
1 EL Öl
3 EL Doppelrahm-Frischkäse
3 EL saure Sahne
½ TL Honig
Currypulver
Chilipulver
1 Baguette
1 Apfel
4 Eissalatblätter

ca. 30 Min.

1 Das Hähnchenbrustfilet waschen, trocken tupfen, mit Salz und Pfeffer würzen. Das Öl in einer Pfanne erhitzen und das Fleisch darin bei mittlerer Hitze auf beiden Seiten jeweils 7 bis 8 Minuten - je nach Dicke des Filets - braten. Das Hähnchenfleisch aus der Pfanne nehmen und abkühlen lassen.

2 Den Frischkäse mit saurer Sahne und Honig glatt rühren. Mit Curry, etwas Salz und 1 Prise Chilipulver würzen. Das Baguette in 4 Stücke teilen und jedes Stück längs aufschneiden. Alle Hälften mit der Frischkäsemasse bestreichen.

3 Das Hähnchenfleisch diagonal in dünne Scheiben aufschneiden. Den Apfel waschen, vierteln, entkernen und in feine Spalten schneiden. Die unteren Baguettehälften erst mit einem Salatblatt, dann mit Hähnchenscheiben belegen. Apfelspalten darauf verteilen, obere Baguettehälften daraufsetzen und etwas festdrücken. Sandwiches zum Mitnehmen am besten einzeln in Brotpapier einwickeln.

Tipps:

Blitzschnell fertig ist das Baguette mit geräuchertem Hähnchenbrustaufschnitt statt gebratener Hähnchenbrust.

Im Sommer schmeckt das Baguette auch mit Nektarinen oder Pfirsichen lecker.

Wer keinen Curry-Aufstrich anrühren mag, bestreicht das Brot nur mit Frischkäse oder saurer Sahne.

HERZHAFTER HACKBRATENBURGER

Hackbraten ist schnell im Ofen. Damit nicht zu viel Energie verpufft, wird gleich eine größere Portion gebraten. Für 4 Burger brauchen Sie knapp die Hälfte des Bratens, die andere Hälfte gibt's am Vortag warm – mit Kartoffelpüree und Lieblingsgemüse oder mit Kartoffelsalat.

1 Für den Hackbraten die Brötchen in etwas Wasser einweichen. Den Ofen auf 180 °C vorheizen.

2 Die Zwiebel schälen und in feine Würfel schneiden. Die Kräuter waschen und trocken schütteln, die Blätter abzupfen und klein schneiden.

3 Das Hackfleisch in eine Schüssel geben. Die Brötchen ausdrücken und hinzufügen. Das Ei, das Olivenöl, die Zwiebel, die Kräuter und etwa 1 TL Salz hinzufügen, mit Pfeffer würzen. Alle Zutaten erst mit einem Kochlöffel verrühren, dann mit den Händen durchkneten. Den Fleischteig in einen Bräter setzen und einen rechteckigen Braten daraus formen. Im Ofen auf der mittleren Schiene etwa 1 Stunde braten.

4 Die Salatblätter waschen und trocken tupfen. Die Essiggurken längs in dünne Scheiben schneiden. Die Tomaten waschen und in Scheiben schneiden, dabei die Stielansätze entfernen. Vom Hackbraten 4 Scheiben abschneiden.

5 Die Brötchen aufschneiden, die unteren Hälften mit Senf, die oberen mit Schmand bestreichen. Die unteren Hälften mit Salat, Essiggurken, Hackbraten und Tomatenscheiben belegen. Die oberen Hälften darüberklappen, etwas festdrücken und zum Transportieren am besten einzeln in Brotpapier wickeln.

ZUTATEN

FÜR 4 BURGER

FÜR DEN HACKBRATEN:
2 Brötchen (vom Vortag)
1 weiße Zwiebel
½ Bund Kräuter (Thymian, Oregano oder Petersilie)
750 g gemischtes Hackfleisch
1 Ei
2 EL Olivenöl
Salz · Pfeffer aus der Mühle

FÜR BELAG UND BROT:
4 Salatblätter
4 große Essiggurken
2 Tomaten
4 Burger- oder Baguette-Brötchen
4 EL Senf
4 EL Schmand

ca. 25 Min.
+ ca. 1 Std. Bratzeit

HEXENBESEN

Pro Besen eine Scheibe Butterkäse längs halbieren. Den Käsestreifen gleichmäßig alle 3 mm auf der langen Seite einschneiden, dabei oben einen gut 1 cm breiten Rand lassen. Den Käse fest um eine Salzstange wickeln und mit Schnittlauchhalmen festbinden.

GLÜCKSPILZE

Für jeden Pilz ein hart gekochtes Ei pellen. Eine große Cocktailtomate halbieren, das Fruchtfleisch auslösen und 1 Tomatenhälfte mit einem Spieß auf dem Ei befestigen. Mayonnaisetupfen auf die Tomate setzen. Am unteren Eiende 1 Petersilienblatt aufspießen.

ENERGIERAKETEN

Partyspieße mit bunten Palmwedeln mit Früchten bestücken. Zum Beispiel abwechselnd Heidelbeeren und Weintrauben aufspießen und als Raketenspitze eine Erdbeere oder eine Käseecke daraufstecken.

FRUCHT AM STIEL

Honig- oder Wassermelonen erst in fingerdicke Scheiben schneiden und dann in Tortenstücke teilen. Die Melonenschale von unten mittig mit einem scharfen Messer etwas einschneiden und ein Eis-am-Stiel-Stäbchen hineinstecken.

APFELAUTOS

Einen Apfel mit Schale waschen, in dicke Spalten schneiden, dabei das Kerngehäuse entfernen. Rote oder grüne Weintrauben halbieren und mit Zahnstochern oder Cocktailspießen als Reifen an den Apfelspalten befestigen.

TOMATENHERZEN

Feste Mini-Eiertomaten diagonal durchschneiden. Dabei den Schnitt in der Mitte ansetzen und dann leicht schräg nach rechts unten schneiden. Das rechte Tomatenteil von unten nach oben klappen, sodass ein Herz entsteht. Mit Käse aufspießen.

OLIO DI
OLIVA

KAPITEL 2

GERÜHRT & GESCHNIPPELT

Zugegeben: Salate und Suppen sind nicht so schnell zubereitet wie eine Käsestulle. Für lange Kita-, Schul- und Arbeitstage oder für einen schönen Ausflug lohnt es sich aber, ein Viertelstündchen mehr zu investieren. Alle Rezepte sind superlecker und haben so viele energiespendende Vitamine, dass die Küche sogar guten Gewissens kalt bleiben darf.

BOHNEN-TOMATEN-SALAT

Schmeckt herrlich nach Sommer. Ein Salat, der sich perfekt vorbereiten lässt und auch den Transport gut übersteht.

1 Die Bohnen putzen, waschen und mit dem Bohnenkraut in einem Topf in etwas Salzwasser zum Kochen bringen. Je nach Dicke und Frische der Bohnen 13 bis 18 Minuten garen. In ein Sieb abgießen, dabei etwas Kochflüssigkeit auffangen und beiseitestellen.

2 Inzwischen die Tomaten waschen und in Würfel schneiden, dabei die Stielansätze entfernen. Die Kräuter waschen und trocken schütteln, die Blätter abzupfen und fein hacken.

3 Die Bohnen leicht abgetropft in eine flache Schüssel geben. Tomaten und leicht abgetropfte Fetawürfel darauf verteilen. Mit Salz und Pfeffer würzen.

4 Das Olivenöl mit dem Balsamico und 1 bis 2 EL vom Bohnen-Kochwasser verrühren. Das Dressing über den Bohnen verteilen und die Kräuter darüberstreuen. In verschließbare Gläser oder Schüsseln füllen. Lecker mit toskanischem Bauernbrot.

ZUTATEN

FÜR 4 PERSONEN
500 g grüne Bohnen
3 Zweige Bohnenkraut
Salz
2 große, feste, reife Tomaten
2 Thymian- oder Oreganozweige
150 g Fetawürfel in Öl mit Kräutern (Schafskäse)
Pfeffer aus der Mühle
2 EL Olivenöl
3 EL Aceto balsamico

ca. 35 Min.

MILDE SÄURE

Verwenden Sie als Essig für Salate auch mal cremigen Dattel-Balsamico oder feinen Sherry-Essig. Beide sind so mild, dass man auch etwas mehr davon nehmen kann.

SATTMACHER

Gehaltvoller wird der Salat mit gekochten Kartoffelwürfeln und/oder mit Thunfisch aus der Dose – ob naturell oder in Öl eingelegt, ist dabei reine Geschmackssache.

DOPPELT LECKER

Wer gleich die doppelte Menge Bohnen kocht, kann sie einmal warm als Beilage – zum Beispiel zu gebratenem Fleisch und Kartoffelpüree – und einmal als Salat genießen.

+ EXTRA FRISCH

PROBIEREN SIE FÜR DEN SALAT MAL OFFENEN FETA VOM GRIECHEN ODER AUS DER KÄSE-BEDIENTHEKE.

GRÜNER MANGOSALAT

Die Thailänder, so heißt es, lieben Mangos und können es oft nicht mal abwarten, bis die Früchte reif sind. So soll auch das Rezept für diesen herrlichen Salat entstanden sein. Für uns besonders praktisch, weil es hierzulande nur selten vollreife Mangos gibt.

1 Für den Salat die Mango schälen, das Fruchtfleisch auf den flachen Seiten vom Stein schneiden. Erst in feine Scheiben, dann quer halbieren und in feine Streifen schneiden. Die Frühlingszwiebeln putzen, waschen und in feine Ringe schneiden. Den Staudensellerie putzen, waschen und in kleine Stücke schneiden.

2 Die Paprikaschote längs halbieren, entkernen, waschen und in feine Streifen schneiden. Je nach Größe noch mal halbieren oder dritteln. Die Möhren putzen und schälen. Erst längs in dünne Scheiben, dann in kurze, dünne Stifte schneiden.

3 Für das Dressing Limettensaft, Sojasauce, Zucker und etwas Chilipulver in einer Schüssel verrühren. Minze und Koriandergrün waschen und trocken schütteln, die Blätter fein hacken und unter das Salatdressing mischen. Die Mango- und Gemüsestreifen dazugeben und alles gut vermischen. Etwas durchziehen lassen. Erdnüsse nach Belieben grob hacken oder ganz lassen und in einer Pfanne ohne Fett kurz anrösten. Salat in verschließbare Gefäße füllen und mit den Erdnüssen bestreuen.

Tipps:

Der Salat schmeckt auch mit reifer Mango, dann ist er aber weniger herzhaft. Statt Mangos sind auch Äpfel lecker.

Frisches Koriandergrün lässt sich wunderbar in einem Gefrierbeutel einfrieren. Gefroren kann man es bei Bedarf einfach zwischen den Fingern zerbröseln und spart sich damit das Hacken. Sie mögen kein Koriandergün? Dann nehmen Sie Petersilie.

ZUTATEN

FÜR 4 PERSONEN

FÜR DEN SALAT:
- 1 noch nicht ganz reife Mango
- 3 Frühlingszwiebeln
- 2 Stangen Staudensellerie
- 1 rote Paprikaschote
- 2 Möhren

FÜR DAS DRESSING:
- 6 EL Limettensaft
- 3 EL Sojasauce
- 1 ½ EL Zucker
- Chilipulver
- 2 Stiele Minze
- 3–4 Stiele Koriandergrün

AUSSERDEM:
- Erdnüsse zum Bestreuen

ca. 25 Min.

COUSCOUS-SALAT MIT MINZE

Couscous gibt es mittlerweile in jedem Supermarkt. Wir lieben den grobkörnigen, speziell behandelten Hartweizengrieß als Salat, und ich bereite gerne etwas mehr davon zu. Dann gibt es ihn an einem Tag zu orientalisch gewürzten Hackfleischbällchen und am anderen Tag zum Mitnehmen.

1 Couscous in eine Schüssel füllen. So viel Gemüsebrühe wie auf der Packungsanweisung des Couscous steht (etwa ½ l) zum Kochen bringen und über den Couscous gießen. Zugedeckt etwa 5 Minuten quellen lassen.

2 Inzwischen die Tomaten waschen und in feine Würfel schneiden, dabei die Stielansätze entfernen. Die Gurke schälen und ebenfalls in feine Würfel schneiden. Die Frühlingszwiebeln putzen, waschen und in sehr feine Ringe schneiden. Die Kräuter waschen und trocken schütteln, die Blätter abzupfen und fein hacken.

3 Den Couscous mit einer Gabel etwas auflockern. Olivenöl und Zitronensaft gleichmäßig darübergießen. Gemüse und Kräuter dazugeben und alles gründlich vermischen. Mit Salz und Pfeffer abschmecken und 1 Stunde durchziehen lassen.

4 Den Couscous-Salat, wenn nötig, noch mal mit Salz, Pfeffer und Zitronensaft abschmecken. Nach Belieben noch etwas Gemüsebrühe unterrühren. Dazu schmeckt frisches Fladenbrot.

Tipp:

Viel Petersilie und Minze machen den Salat besonders raffiniert, sind aber nicht jedermanns Sache. Wenn Sie die Kräuter erst am Schluss unterrühren, können Sie den Salat mit weniger Petersilie und Minze für diejenigen in Schälchen abfüllen, die Kräuter nicht so gerne mögen.

ZUTATEN

FÜR 6–8 PERSONEN
250 g Instant-Couscous
Gemüsebrühe (Instant)
4 Tomaten
1 Salatgurke
3 Frühlingszwiebeln
½ Bund Petersilie
1 Handvoll Minze
5 EL Olivenöl
6 EL Zitronensaft
Salz · Pfeffer aus der Mühle

ca. 25 Min.
+ 1 Std. Durchziehen

ITALIENISCHER TORTELLINI-SALAT

Ein echter Hingucker! Mal was anderes als der typische Nudelsalat, aber genauso perfekt zum Mitnehmen. Unbedingt probieren!

1 Die Tortellini in einem großen Topf mit Salzwasser nach Packungsanweisung bissfest garen. Je nach Sorte brauchen frische Nudeln 3 bis 5 Minuten. Die Nudeln in ein Sieb abgießen und abtropfen lassen.

2 Die Tomaten waschen und je nach Größe halbieren oder vierteln. Den Mozzarella abtropfen lassen und halbieren. Das Basilikum waschen, trocken schütteln und in Streifen schneiden.

3 In einer großen Schüssel das Olivenöl mit dem Balsamico, Orangensaft, Senf, 1 Prise Zucker, Salz und Pfeffer verquirlen.

4 Die Tortellini, die Tomaten, den Mozzarella und das Basilikum dazugeben und alles vorsichtig unter die Sauce heben. Den Salat in verschließbare Gläser oder Schüsseln füllen und kühl stellen.

Tipps:

Variieren Sie den Salat mit Ihren Lieblingszutaten. Wie wär's zum Beispiel mit Rucola statt Basilikum? Und dazu geschmorte Paprika- und Zucchinistreifen und zerkrümelter Feta – am besten den frischen aus dem Käseladen!

Weil die Tortellini sich gerne vollsaugen, sollte der Salat nicht zu lange im Voraus mit der Sauce vermischt werden. Dann lieber die Sauce extra mitnehmen.

mmh!

ZUTATEN

FÜR 4 PERSONEN
500 g frische Tortellini mit Spinat-Ricotta-Füllung (aus der Kühltheke)
Salz
250 g Mini-Pflaumentomaten oder Cocktailtomaten
1 Becher Mini-Mozzarellakugeln (150 g Abtropfgewicht)
1 große Handvoll Basilikum
3 EL Olivenöl
3 EL Balsamico bianco
3 EL Orangensaft
1 EL Senf
Zucker
Pfeffer aus der Mühle

ca. 25 Min.

… GLÄSER TO GO …

DAFÜR BRAUCHT MAN:

- PAPIER
- STIFT
- SCHERE
- KLEBEFILM
- EINMACHGLAS MIT DECKEL
- FARBIGE SPÜLMASCHINEN-FESTE GLASMALSTIFTE IN VERSCHIEDENEN FARBEN
- EVTL. ALKOHOL & WATTESTÄBCHEN

① AUF EIN BLATT PAPIER EINEN NAMEN, WÖRTER ODER GRÜßE SCHREIBEN. ODER ETWAS DARAUF ZEICHNEN, Z.B. EIN TIER, EINE SONNE, EIN MUSTER ODER WAS EINEM SONST GEFÄLLT.

② MOTIV AUSSCHNEIDEN UND MIT KLEBEFILM VON INNEN GEGEN DAS GEREINIGTE GLAS KLEBEN.

③ MIT DEN STIFTEN DAS MOTIV VON AUßEN NACHZEICHNEN – FEHLER EINFACH MIT ALKOHOL-GETRÄNKTEM WATTESTÄBCHEN WEGWISCHEN. PAPIER AUS DEM GLAS ENTFERNEN & FARBE NACH HERSTELLERANGABE TROCKNEN LASSEN.

+ GANZ EASY

DIE INFO ZUM DOWNLOAD DER ELEFANTEN-ILLU UND WEITERER ILLUS FINDEN SIE AUF S. 88.

FRUCHTIGER PUTENSALAT

Ein Gericht, das zweifach schmeckt. Machen Sie's wie ich: Kochen Sie gleich die doppelte Menge, servieren Sie eine Hälfte als warme Mahlzeit mit Basmatireis und die andere am nächsten Tag kalt als Pausensalat.

1 Die Mango schälen, das Fruchtfleisch auf den flachen Seiten vom Stein schneiden und würfeln. Tiefgekühlte Mangowürfel auftauen lassen. Die Tomaten waschen und in feine Würfel schneiden, dabei die Stielansätze entfernen. Koriander oder Petersilie waschen und trocken schütteln, die Blätter abzupfen und fein hacken.

2 Die Paprikaschoten längs halbieren, entkernen, waschen und in mundgerechte Stücke schneiden. Die Chilischote längs halbieren, entkernen, waschen und fein hacken. Die Frühlingszwiebeln putzen, waschen und in Stücke schneiden.

3 Das Fleisch waschen, mit Küchenpapier trocken tupfen, in Streifen oder Würfel schneiden, mit Salz und Pfeffer würzen. Das Öl erhitzen und das Fleisch darin rundum etwa 8 Minuten – je nach Größe der Stücke – braten, herausnehmen und beiseitestellen. In der Pfanne Paprika und Chili zugedeckt bei mittlerer Hitze etwa 5 Minuten braten, die Frühlingszwiebeln dazugeben und etwa 5 Minuten mitbraten.

4 Orangensaft mit Kokosmilch dazugießen und aufkochen. Currypulver hinzufügen, je nach Geschmack darf es ruhig 1 TL voll sein. Die Sauce mit Salz, Pfeffer, 1 Schuss Sojasauce und Zitronensaft abschmecken. Die Speisestärke mit etwas Wasser glatt rühren, unter die Sauce mischen und einmal aufkochen, um die Sauce zu binden. Mango, Tomaten und Fleisch unterrühren, etwa 2 Minuten köcheln lassen, vom Herd nehmen und die Kräuter unterrühren. Salat in ein Einmachglas oder in eine Schüssel mit Deckel füllen und abkühlen lassen.

ZUTATEN

FÜR 4 PERSONEN

1 frische Mango oder 300 g tiefgekühlte Mangowürfel
3 Tomaten
1 Bund Koriandergrün oder Petersilie
2 rote Paprikaschoten
1 gelbe Paprikaschote
½ Chilischote
1 Bund Frühlingszwiebeln
350 g Putenschnitzel
Salz · Pfeffer aus der Mühle
2 EL Öl
150 ml Orangensaft
150 ml Kokosmilch
Currypulver
Sojasauce
Zitronensaft
1 TL Speisestärke

ca. 40 Min.

TIPP:
Schmeckt auch mit Hähnchenbrustfilet köstlich. Wer's vegetarisch mag, nimmt Champignons oder Egerlinge.

ALL IN ONE
KORIANDER
PAPRIKA
TOMATEN
KOKOSMILCH

CAESAR'S DRESSING

1 Den Joghurt mit der Mayonnaise in einer Schüssel mit dem Schneebesen glatt rühren. Den Zitronensaft und den Senf unterrühren.

2 Den Parmesan unterheben und das Dressing mit Salz und Pfeffer würzen. Nach Belieben noch etwas mehr Zitronensaft oder Senf dazugeben.

Tipp:

Das Lieblingsdressing der Amerikaner, hier mit Joghurt etwas kalorienärmer gemacht, passt perfekt zu allen Blattsalaten. Aber: Immer getrennt mitnehmen und erst kurz vor dem Servieren untermischen, damit der Salat nicht zusammenfällt.

ZUTATEN

FÜR 4 PERSONEN
100 g Naturjoghurt
50 g Mayonnaise
2–3 EL Zitronensaft
1–2 TL Senf
2 EL geriebener Parmesan
Salz · Pfeffer aus der Mühle

ca. 5 Min.

MANGO-DRESSING

1 Das Mangofruchtfleisch mit dem Olivenöl, dem Balsamico, dem Orangen- und Limettensaft fein pürieren. Das Dressing mit Salz und Chilipulver würzen. Den Dill waschen, trocken schütteln und fein hacken. Unter das Dressing rühren.

2 Eine Flasche mit Schraubverschluss kochend heiß ausspülen und das Dressing einfüllen. Hält im Kühlschrank etwa 3 Tage. Vor Gebrauch schütteln oder glatt rühren.

Tipp:

Als Dressing zu Blattsalaten getrennt in einem Schraubverschlussgläschen mitnehmen. Probieren Sie das Mango-Dressing auch mal über Mozzarella mit Tomaten oder über gebratene Hähnchenbrustscheiben mit Mango- und Tomatenwürfeln.

ZUTATEN

FÜR 1 FLASCHE MIT CA. 200 ML INHALT
100 g Mangofruchtfleisch
4 EL Olivenöl
3 EL Balsamico bianco
4 EL Orangensaft
1 EL Limettensaft
Salz
Chilipulver
4 Stiele Dill

ca. 10 Min.

ESSIG-ÖL-DRESSING

1 In einer Schüssel den Senf mit dem Olivenöl, Salz, Pfeffer und Honig gründlich verrühren. Balsamico untermixen.

2 Die Kräuter waschen und trocken schütteln. Schnittlauch in Röllchen schneiden, andere Kräuter fein hacken. Die Kräuter unter das Dressing rühren.

3 Eine Flasche mit Schraubverschluss kochend heiß ausspülen und das Dressing einfüllen. Hält im Kühlschrank etwa 3 Tage. Vor Gebrauch schütteln oder glatt rühren.

Tipp:

Den Klassiker für alle Salate sollte man immer auf Vorrat im Kühlschrank haben. Vor dem Verwenden immer gut schütteln!

ZUTATEN

FÜR 1 FLASCHE MIT CA. ¼ L INHALT
1 EL Senf
150 ml Olivenöl
Salz
Pfeffer aus der Mühle
1 TL Honig
100 ml Balsamico bianco
½ Bund Schnittlauch oder Lieblingskräuter

ca. 10 Min.

COCKTAILSAUCE

1 Saure Sahne oder Crème fraîche mit dem Zitronensaft und dem Ketchup glatt rühren.

2 Die Kräuter unterheben und die Sauce mit Salz und Pfeffer würzen. Nach Belieben noch etwas mehr Zitronensaft oder Ketchup dazugeben.

Tipp:

Passt gut zu robusten Blattsalaten, ist aber auch ein feiner Dip für Gemüsesticks und schmeckt köstlich zu Garnelen. Ein absoluter Kinderliebling, auch zu Pommes.

ZUTATEN

FÜR 4 PERSONEN
150 g saure Sahne oder Crème fraîche
3–4 EL Zitronensaft
1–2 TL Tomatenketchup
2 EL gehackte Kräuter (frisch oder tiefgekühlt)
Salz · Pfeffer aus der Mühle

ca. 5 Min.

CALIFORNIA-SALAT MIT NÜSSEN

Die Kalifornier zelebrieren schon seit Jahrzehnten eine leichte Küche mit regionalen Produkten. Und sie lieben die Kombination von Salat und Früchten, gerne mit etwas „chicken".

ZUTATEN

FÜR 4 PERSONEN

FÜR DEN SALAT:
½ kleiner Eissalat
2 Frühlingszwiebeln
1 reife Avocado
200 g Erdbeeren
8 Cocktailtomaten
350 g Hähnchenbrustfilet
Salz · Pfeffer aus der Mühle
Currypulver
2 EL Öl
1 Handvoll Walnusskerne

FÜR DAS ORANGEN-HONIG-DRESSING:
2 EL Olivenöl
2 EL Balsamico bianco
1 EL Mango-Balsamessig (ersatzweise Balsamico bianco)
1 TL Honig
4 EL Orangensaft
Salz · Pfeffer aus der Mühle
3 EL Schnittlauchröllchen

ca. 30 Min.

1 Salat putzen, waschen, trocken schleudern und in mundgerechte Stücke zupfen. Frühlingszwiebeln putzen, waschen und in Stücke schneiden. Avocado halbieren und den Kern entfernen. Die Avocadohälften schälen und das Fruchtfleisch in Würfel schneiden. Erdbeeren waschen, putzen und halbieren. Tomaten waschen, halbieren oder vierteln. Alle Zutaten in eine verschließbare Schüssel oder portionsweise in Einmachgläser füllen.

2 Hähnchenfleisch waschen, trocken tupfen und in mundgerechte Stücke schneiden. Mit Salz, Pfeffer und Currypulver würzen. Das Öl erhitzen und das Hähnchen darin rundum bei mittlerer Hitze etwa 8 Minuten braten. Walnusskerne mit den Fingern grob zerteilen. In den letzten beiden Minuten mit dem Fleisch mitbraten. Fleisch und Nüsse auf dem Salat verteilen.

3 Für das Dressing Olivenöl, Essig, Honig und Orangensaft verrühren, mit Salz und Pfeffer würzen. Schnittlauch untermischen. Das Dressing in ein gut schließendes Gefäß füllen und separat mitnehmen.

Salat mit Hähnchen-Nuggets:

Das Hähnchenbrustfilet waschen, trocken tupfen, würfeln, salzen und pfeffern. Etwas Mehl auf einen flachen Teller streuen. 2 Eier in einem tiefen Teller verquirlen. Semmelbrösel oder zerkleinerte Cornflakes auf einen flachen Teller streuen. Die Hähnchenstücke erst in Mehl wenden, dann in Ei und zuletzt in den Semmelbröseln oder Cornflakes. 4 EL Öl in einer beschichteten Pfanne erhitzen und die Nuggets darin bei mittlerer Hitze von jeder Seite etwa 4 Minuten goldbraun braten. Dazu Salat und Dressing wie oben beschrieben zubereiten.

KINDER-
LIEBLING
BON APPÉTI

SPANISCHER SOMMERSALAT

Ein typischer Salat aus Andalusien. Perfekt für Partys oder fürs Picknick, denn er lässt sich gut vorbereiten, bleibt schön knackig und hält auch warmen Temperaturen stand. Achten Sie darauf, die Zutaten schön fein zu würfeln, nur dann entfaltet der Salat sein ganzes Aroma.

1 Den Knoblauch schälen und in eine Schüssel pressen. Den Essig, das Olivenöl, Salz, Pfeffer und 1 Prise Zucker dazugeben und alles zu einem Dressing verrühren.

2 Die Tomaten waschen und in feine Würfel schneiden, dabei die Stielansätze entfernen. Die Paprikaschoten längs halbieren, entkernen und waschen. Die Gurke nach Belieben waschen oder schälen. Die Zwiebel schälen. Paprikaschoten, Gurke und Zwiebel in sehr kleine Würfel schneiden und mit den Tomatenwürfeln unter das Dressing heben.

3 Die Kräuter waschen und trocken schütteln, die Blätter abzupfen und fein hacken. Gut mit dem Gemüse vermischen und den Salat etwas durchziehen lassen.

Tipps:

Wer mag, gibt noch etwas klein gewürfelten Staudensellerie mit zum Salat. Statt weißer Zwiebel sind auch Frühlingszwiebeln lecker.

Mit Sherry-Essig schmeckt der Salat am besten, aber auch Dattel-Balsamico oder milder Weinessig sind möglich.

ZUTATEN

FÜR 4 PERSONEN
1–2 Knoblauchzehen
2 EL Sherry-Essig
3 EL Olivenöl
Salz · Pfeffer aus der Mühle
Zucker
3 Tomaten
1 rote Paprikaschote
1 grüne Paprikaschote
⅓ Salatgurke
1 weiße Zwiebel
1 Stiel Minze
3 Stiele Koriandergrün oder Petersilie

ca. 25 Min.

lecker!

HONIGMÖHREN-ANTIPASTI

Mit etwas Fett, so heißt es, werden die wertvollen Inhaltsstoffe der Möhren erst für den Körper verfügbar. Deshalb sind die marinierten Möhrchen nicht nur extra lecker, sondern auch besonders gesund.

1 Die Möhren putzen und schälen. Je nach Dicke längs vierteln oder achteln und dann in 2 bis 3 cm lange Stifte schneiden.

2 Das Olivenöl in einer großen Pfanne erhitzen. Die Möhrenstifte darin zugedeckt bei mittlerer Hitze etwa 15 Minuten dünsten. Die Möhren sollen noch leicht knackig sein.

3 Den Honig unterrühren und bei starker Hitze unter Rühren flüssig werden lassen. Mit dem Zitronensaft ablöschen. Die Möhren mit Salz würzen und in eine verschließbare Schüssel füllen.

4 Die Pinienkerne nach Belieben in einer Pfanne kurz anrösten. Die marinierten Möhren mit den Pinienkernen bestreuen und etwas durchziehen lassen.

ZUTATEN

FÜR 6 PERSONEN
700 g Möhren
3 EL Olivenöl
4 EL Honig
5 EL Zitronensaft
Salz
2 EL Pinienkerne

ca. 25 Min.

MEHR WÜRZE

Wer mag, dünstet noch 1 EL fein gehackten Ingwer mit den Möhren an. Oder: Gehackte Kräuter wie Estragon, Minze, Koriander oder Petersilie zum Schluss unter die Honigmöhren rühren.

KERNIGE AUSWAHL

Die Pinienkerne lassen sich durch gehackte Mandeln, Walnüsse, Erdnüsse oder Cashewkerne ersetzen. Auch angeröstete Sonnenblumenkerne schmecken fein zu Möhren.

BROTBELAG

Honigmöhren schmecken gut auf dem Brot. Dafür empfiehlt es sich aber, sie mit dem Sparschäler in Scheiben statt in Stifte zu schneiden. Die Garzeit ist dann etwas kürzer.

MOZZARELLA MIT BALSAMICO-ERDBEEREN

Tomaten und Mozzarella kann jeder. Deshalb wird's hier zur Abwechslung mal fruchtig und knusprig. Unbedingt ausprobieren!

1 Die Erdbeeren waschen, putzen und längs in Scheiben schneiden. Mozzarella abtropfen lassen, in Scheiben schneiden, dachziegelartig in einen dicht schließenden Behälter schichten und die Erdbeeren rundherum verteilen.

2 Die Salatkernemischung in einer beschichteten Pfanne ohne Fett kurz anrösten, bis sie duften, dann herausnehmen. Den Zucker in der Pfanne bei schwacher Hitze leicht karamellisieren. Nicht zu lange warten, sonst wird der Zucker fest.

3 Etwa 100 ml Wasser und den Balsamico dazugießen und das Ganze etwas einköcheln lassen, leicht mit Salz und Pfeffer würzen. Die Kerne untermischen und das Balsamico-Konzentrat über Mozzarella und Erdbeeren verteilen. Dazu schmeckt frisches Baguette oder toskanisches Bauernbrot.

Tipp:

Wer mag, ergänzt das Rezept noch um frischen Rucola, junge Spinatblätter oder Feldsalat. Damit das Dressing auch für die Salatblätter reicht, etwa 3 EL Zucker karamellisieren und mit 150 ml Wasser und etwa 7 EL Balsamico ablöschen. Die Menge der Kerne darf gleich bleiben.

ZUTATEN

FÜR 4 PERSONEN
200 g Erdbeeren
250 g Mozzarella
40 g Salatkernemischung (Sonnenblumen-, Kürbis- und Pinienkerne)
2 EL Zucker
5 EL Aceto balsamico
Salz • Pfeffer aus der Mühle

ca. 20 Min.

OFFICE STUFF
done
GANZ EASY

POLLO TONNATO

Die schnelle Variante des italienischen Klassikers lässt sich wie das Original perfekt am Vorabend zubereiten. Gut durchgezogen schmeckt das Fleisch sowieso am besten. Morgens möglichst noch kurz zum Bäcker, denn nichts ist leckerer dazu als ofenfrisches Weißbrot.

1 Die Hähnchenbrustfilets waschen, trocken tupfen und rundherum salzen. Das Öl in einer Pfanne erhitzen und das Fleisch darin bei schwacher Hitze auf jeder Seite etwa 4 bis 5 Minuten – je nach Dicke der Filets – braten. Hähnchen abkühlen lassen, damit es sich besser schneiden lässt.

2 Den Thunfisch abtropfen lassen. Mit dem Schmand, dem Senf, den Kapern und dem Zitronensaft pürieren. Mit Salz und Pfeffer würzen.

3 Das Hähnchenfleisch in dünne Scheiben schneiden und überlappend in einer flachen Frischhaltebox anrichten. Die Thunfischsauce gleichmäßig darauf verteilen, die Kapern darüberstreuen. Das Pollo tonnato mindestens 1 Stunde, ruhig aber über Nacht, im Kühlschrank durchziehen lassen.

Vitello tonnato:

Etwa 600 g Kalbfleisch aus der Nuss oder Oberschale mit kaltem Wasser bedecken. Das Wasser zum Kochen bringen. Wer die Brühe für eine Suppe verwenden möchte, schöpft dabei den austretenden Eiweißschaum ab. 1 Lorbeerblatt, 1 Stück grob gewürfelte Sellerieknolle, 1 bis 2 geschälte Knoblauchzehen, 1 geviertelte Zwiebel und Salz dazugeben und das Fleisch in der Brühe etwa 1 Stunde köcheln lassen. Das Kalbfleisch in der Brühe abkühlen lassen, dann herausnehmen und in dünne Scheiben schneiden. Die Sauce dazu wie oben beschrieben zubereiten.

ZUTATEN

FÜR 4–6 PERSONEN

FÜR DAS POLLO TONNATO:
2–3 Hähnchenbrustfilets (ca. 500 g)
Salz
2 EL Öl
1 Dose Thunfisch (im eigenen Saft; 150 g Abtropfgewicht)
100 g Schmand
1 EL Senf
4 TL Kapern
3 EL Zitronensaft
Pfeffer aus der Mühle

AUSSERDEM:
Kapern zum Bestreuen

ca. 30 Min.
+ mind. 1 Std. Kühlzeit

ROTE-BETE-SUPPE

SCHMECKT WARM AM BESTEN, DESHALB IM THERMOGEFÄSS MITNEHMEN

GAZPACHO

DIE SOMMERSUPPE AUS ANDALUSIEN IST EINE KÖSTLICHE VITAMINBOMBE

PAPRIKA-JOGHURT-SUPPE

MIT KOKOSMILCH, INGWER, CURRY UND KORIANDER EXOTISCH LECKER

KALTE GURKENSUPPE

BLITZSCHNELL FERTIG, VOLLER MINERALSTOFFE UND HERRLICH ERFRISCHEND

ROTE-BETE-SUPPE

1 Die Roten Beten in Würfel schneiden. Mit der Brühe und dem Apfelsaft in einem hohen Topf zum Kochen bringen.

2 Die Suppe etwa 10 Minuten köcheln lassen. Inzwischen den Schmand mit dem Meerrettich gründlich verrühren.

3 Die Suppe pürieren und nach Belieben nachwürzen. Den Meerrettichschmand unterrühren oder als Kleckse portionsweise dazugeben.

ZUTATEN

FÜR 4 PERSONEN
500 g Rote Beten (vorgegart und vakuumiert)
400 ml Gemüsebrühe (Instant)
300 ml Apfelsaft
100 g Schmand
2–3 TL Sahnemeerrettich (aus dem Glas)

ca. 20 Min.

GAZPACHO

1 Brot in etwas Wasser einweichen. Tomaten waschen. 1 Tomate fein, restliche grob würfeln, dabei die Stielansätze entfernen. Die Paprikaschote längs halbieren, entkernen und waschen. Die eine Hälfte fein, die andere Hälfte grob würfeln. Die Gurke schälen, ein Drittel davon fein, den Rest grob würfeln. Frühlingszwiebeln putzen, waschen und in Ringe schneiden.

2 Knoblauch schälen, mit den Frühlingszwiebeln, den groben Gemüsewürfeln, leicht ausgedrücktem Brot und dem Olivenöl fein pürieren.

3 Die Suppe salzen, die feinen Gemüsewürfel unterrühren und etwa 1 Stunde, ruhig auch länger, in den Kühlschrank stellen. Mit Koriandergrün bestreut servieren.

ZUTATEN

FÜR 4 PERSONEN
2 Scheiben Toastbrot
5 große Tomaten (ca. 600 g)
1 gelbe Paprikaschote
1 große Salatgurke
2 Frühlingszwiebeln
1 Knoblauchzehe
3 EL Olivenöl
Salz
gehacktes Koriandergrün

ca. 20 Min.
+ ca. 1 Std. Kühlzeit

PAPRIKA-JOGHURT-SUPPE

1 Zwiebel schälen und in Würfel schneiden. Ingwer schälen und fein würfeln. Paprikaschoten längs halbieren, entkernen, waschen und klein schneiden. Öl in einer Pfanne erhitzen und alles darin zugedeckt etwa 10 Minuten dünsten. Currypulver darüberstreuen und 2 Minuten weiterbraten

2 Tomaten waschen und in Würfel schneiden, dabei die Stielansätze entfernen. Gemüse vom Herd nehmen, die Tomatenwürfel unterheben, leicht abkühlen lassen.

3 Joghurt, Kefir und Kokosmilch verrühren. Gemüse unterheben und die Suppe mit Sojasauce würzen, Koriandergrün darüberstreuen. Mindestens 1 Stunde in den Kühlschrank stellen.

ZUTATEN

FÜR 4 PERSONEN
1 Zwiebel
1 walnussgroßes Stück Ingwer
1 rote Paprikaschote
1 gelbe Paprikaschote
2 EL Öl · 2 TL Currypulver
2 Tomaten
500 g Naturjoghurt
200 g Kefir
400 ml Kokosmilch
4–5 EL Sojasauce · 2–3 EL gehacktes Koriandergrün

ca. 30 Min.
+ ca. 1 Std. Kühlzeit

KALTE GURKENSUPPE

1 Die Gurke schälen, die Frühlingszwiebeln putzen und waschen. Beides grob in Würfel schneiden und mit etwas Kefir fein pürieren. Den restlichen Kefir untermixen.

2 Die Gurkensuppe mit Salz und etwas Chilipulver oder Pfeffer würzen. Den Dill waschen und trocken schütteln, die Spitzen abzupfen, fein hacken und unterrühren.

3 Die Gurkensuppe etwa 1 Stunde, ruhig auch länger, in den Kühlschrank stellen.

ZUTATEN

FÜR 4 PERSONEN
1 große Salatgurke
2 Frühlingszwiebeln
1 l Kefir
Salz
Chilipulver oder Pfeffer aus der Mühle
3–4 Stiele Dill

ca. 10 Min.
+ ca. 1 Std. Kühlzeit

KAPITEL 3

SÜSS & SAFTIG

Es ist nun mal so: Die Vorliebe für süß ist angeboren. Die Rezepte in diesem Kapitel punkten aber mit Nährstoffbonus, denn in den Leckereien stecken Getreide, Nüsse, Kerne, Milchprodukte und ganz viele Früchte. Genau das Richtige für kleine Süßschnäbel. Vielleicht nicht ständig, aber perfekt als liebevolle Überraschung an ersten Kindergarten- oder Schultagen, bei Prüfungen oder einfach nur, damit der Tag ein bisschen schöner wird.

GANZ EASY PAUSE

MÜSLI TO GO

Das 15-Minuten-Knuspermüsli aus der Pfanne ist unwiderstehlich und lässt sich immer wieder neu variieren. Kann man auch ohne Milch oder Joghurt nebenbei knabbern. Unbedingt ausprobieren!

1 Die Hafer- und Dinkelflocken, Kürbis- und Sonnenblumenkerne sowie die Mandelstifte in einer großen beschichteten Pfanne unter Rühren anrösten, bis sie duften. Sie sollen nicht dunkel werden.

2 Die Butter und den Honig dazugeben und die Zutaten so lange bei mittlerer Hitze verrühren, bis alles gut vermischt ist.

3 Das Müsli auf einen Bogen Backpapier schütten, gleichmäßig verteilen und abkühlen lassen. Das Müsli hält sich in einem dicht verschließbaren Gefäß mehrere Monate. Als Pausensnack in eine Dose füllen, Milch oder Joghurt separat mitnehmen.

ZUTATEN

FÜR CA. 350 G
100 g feine Haferflocken
100 g kernige Dinkelflocken
50 g Kürbiskerne
50 g Sonnenblumenkerne
50 g Mandelstifte
20 g Butter
3 EL Honig

ca. 15 Min.

MIT FRISCHEN FRÜCHTEN

Mischen Sie klein geschnittene Früchte vor dem Genießen unter das Knuspermüsli, zum Beispiel Äpfel, Bananen oder Pfirsiche, lecker sind auch Trauben oder Beeren.

MIT TROCKEN-FRÜCHTEN

Rosinen, Cranberrys, klein geschnittene, getrocknete Mangos oder andere Trockenfrüchte passen gut zum Müsli und können nach dem Abkühlen untergemischt werden.

NOCH MEHR EXTRAS

Auch das passt dazu: Schokostückchen, Cornflakes, gepufftes Getreide, Kokosraspel, Walnusskerne, Cashewkerne, Haselnüsse oder was Sie sonst gerne mögen.

Things
I
have
to
Remembe
7
6
5
4
3
2
1

GANZ FIX

SCHOKO-OATMEAL MIT BANANE UND WALNÜSSEN

Oatmeal ist das schickere Wort für Haferbrei oder Porridge. Mit Schoko, Banane und Honig-Walnüssen extra lecker und echtes Futter fürs Gehirn. Oder, wie die Amerikaner sagen, wahres „Brainfood".

1 Die Milch mit den Haferflocken in einem Topf unter Rühren zum Kochen bringen. Sobald die Milch anfängt zu kochen, von der Herdplatte nehmen und die Haferflocken etwa 2 Minuten quellen lassen.

2 Die Schokoraspel auf 4 Einmachgläser verteilen. Den warmen Haferbrei drauflöffeln, dabei schmilzt die Schokolade leicht.

3 Die Bananen schälen, in Scheiben schneiden und auf dem Brei verteilen.

4 Die Walnusskerne mit den Fingern grob zerkleinern und in einer Pfanne ohne Fett bei mittlerer Hitze kurz anrösten, bis sie duften. Den Honig dazugeben und nur kurz flüssig werden lassen. Die Walnüsse über die Bananenscheiben streuen und die Gläser verschließen.

ZUTATEN

FÜR 4 PERSONEN
900 ml Milch
180 g feine Haferflocken
8 EL Schokoraspel
2 Bananen
80 g Walnusskerne
2 EL Honig

ca. 20 Min.

MIT BEEREN & PINIENKERNEN

Weiße Schokoraspel verwenden und z.B. Heidel- oder Himbeeren auf dem Haferbrei verteilen. Als Topping schmecken geröstete Pinienkerne.

MIT MANGO & CASHEWKERNEN

Weiße Schokoraspel verwenden und Mangowürfel auf dem Haferbrei verteilen. Grob gehackte, geröstete Cashewkerne darüberstreuen.

MIT BIRNEN & MANDELN

Weiße oder dunkle Schokoraspel verwenden und Birnenwürfel auf dem Brei verteilen. Mandelsplitter in Zimtzucker rösten und darüberstreuen.

POWERRIEGEL MIT CRANBERRYS

Kleiner Energieschub zum Knabbern gefällig? Diese Müsliriegel sind in einer Viertelstunde im Ofen und halten, was ihr Name verspricht.

1 Den Backofen auf 180 °C vorheizen. Ein Backblech mit Backpapier auslegen. Die Butter mit dem Dattelsirup und dem Ei schaumig rühren. Die Haferflocken, die Mandelblättchen, die Sesamsamen und das Mehl unterrühren.

2 Die Cranberrys grob hacken und unter die Müslimasse rühren. Den Teig fingerdick auf das Backblech streichen, sodass eine Platte von etwa 21×18 cm entsteht. Die Zutaten dabei festdrücken. Die Teigplatte nach Belieben mit Mandelstiften bestreuen, diese etwas festdrücken. Im Ofen auf der mittleren Schiene etwa 15 Minuten backen.

3 Die Teigplatte nur leicht abkühlen lassen und dann am besten mit einem Brotmesser in etwa 3×6 cm große Müsliriegel schneiden. Gut abkühlen lassen und erst dann in eine dicht verschließbare Dose füllen. Zu frisch fallen die Riegel beim Transport auseinander. Die Powerriegel lassen sich mehrere Wochen aufbewahren.

ZUTATEN

FÜR CA. 21 KLEINE RIEGEL
80 g Butter
60 g Dattelsirup
1 Ei
100 g feine Haferflocken
100 g Mandelblättchen
50 g helle Sesamsamen
1 EL Mehl
100 g getrocknete Cranberrys
Mandelstifte zum Bestreuen (nach Belieben)

ca. 15 Min.
+ ca. 15 Min. Backzeit

AUF OBLATEN

Die Müsliriegel brechen nicht so leicht auseinander, wenn man den Teig auf große, eckige Backoblaten streicht und nach dem Backen in Stücke schneidet. Auf runden Oblaten wird der Teig zu Powerhäppchen.

SÜSSE ALTERNATIVEN

Statt Dattelsirup kann man auch Honig, Zucker oder Dicksäfte verwenden. Entscheiden Sie selbst, wie süß Sie die Riegel mögen. Wer nur auf die Süße der Früchte setzt, gibt noch einen Schuss Flüssigkeit, zum Beispiel Sahne, zum Teig.

NÜSSE & FRÜCHTE

Statt Mandeln passen auch gehobelte Haselnüsse, Sonnenblumenkerne, gehackte Cashew- oder Walnusskerne. Die Cranberrys können Sie durch andere Trockenfrüchte ersetzen, zum Beispiel Rosinen, Mangos, Datteln oder Aprikosen.

OBSTSALAT MIT HONIG-SESAM-DRESSING

Viele Vitamine mit Honig und geröstetem Sesam – schmeckt raffiniert!

ZUTATEN

FÜR 4 PERSONEN
3 Aprikosen
1 Spalte Honigmelone (ca. 3 cm)
1 Spalte Wassermelone (ca. 3 cm)
12 Erdbeeren
1 große Handvoll Heidelbeeren
1 Banane
3 EL helle Sesamsamen
1 EL Honig
1 EL Zitronensaft
2 EL Orangensaft

ca. 25 Min.

1 Die Aprikosen waschen, halbieren und entsteinen. Das Fruchtfleisch würfeln. Die Honigmelone ggf. entkernen. Die Honig- und die Wassermelone von der Schale lösen und würfeln. Die Erdbeeren waschen, putzen und je nach Größe halbieren oder vierteln. Die Heidelbeeren verlesen, waschen und trocken tupfen. Die Banane schälen, längs halbieren und in Scheiben schneiden. Alle Früchte in eine Schüssel geben.

2 Den Sesam in einer beschichteten Pfanne ohne Fett ganz kurz anrösten. Vorsicht, wenn er zu heiß wird, springen die Samen aus der Pfanne! Den Honig hinzufügen und unter Rühren etwa 1 Minute karamellisieren. Mit Zitronen- und Orangensaft ablöschen.

3 Die Sesam-Honig-Mischung über die Früchte gießen und alles gut miteinander mischen. Der Obstsalat lässt sich gut in Einmachgläsern oder Schüsseln mit fest schließendem Deckel transportieren.

TUTTI FRUTTI

Bereiten Sie den Obstsalat mit Lieblingsfrüchten der Saison zu. Achten Sie auf reife Früchte, überreife lassen den Salat schnell verderben.

KNUSPRIG

Gehackte Walnüsse, Cashewkerne oder Mandeln sind knusprige Alternativen zum Sesam, die ebenso mit Honig in der Pfanne geröstet werden können.

ON TOP

Servieren Sie den Obstsalat mit einer Kugel Eis, einem Klecks Schlagsahne oder Rahmjoghurt. Lecker schmeckt er auch zu Grießbrei, Vanillepudding und Milchreis.

MANGO-ERDBEER-SALAT MIT MANDELN

Mango und Erdbeeren – optisch wie geschmacklich eine tolle Kombi. Dazu etwas Minze für die Frische und geröstete Mandelstifte, damit's schön knuspert. So werden alle Sinne angesprochen.

1. Die Mango schälen, das Fruchtfleisch auf den flachen Seiten vom Stein schneiden und in Würfel schneiden. Die Erdbeeren waschen, putzen und halbieren und mit den Mangowürfeln in eine Schüssel geben.

2. Orangensaft mit Limettensaft verrühren und über die Früchte gießen. Die Minze waschen und trocken schütteln, die Blätter abzupfen, fein hacken und unter die Früchte mischen.

3. Die Mandelstifte in einer Pfanne ohne Fett anrösten, bis sie duften. Den Fruchtsalat damit bestreuen.

ZUTATEN

FÜR 4 PERSONEN
1 große, reife Mango
400 g Erdbeeren
50 ml Orangensaft
1 EL Limettensaft
2 Siele Minze
50 g Mandelstifte

ca. 20 Min.

mmh!

AROMATISCHE SÜSSE

Wer den Mango-Erdbeer-Salat etwas süßer möchte, rührt noch 1 EL Akazien- oder Blütenhonig unter Orangen- und Limettensaft.

MIT ORANGE

Ergänzen Sie den Fruchtsalat mit Orangenfilets. Gerade die Sommerorangen, die zur Erdbeerzeit angeboten werden, sind voller Aroma.

MIT GRANATAPFEL

Außerhalb der Erdbeerzeit sind Mangos lecker mit Granatapfelkernen. Wenn man die Frucht über ein Brett rollt und etwas weich knetet, lösen sich die Kerne leichter.

+ HINGUCKER

IN EINMACHGLÄSERN LÄSST SICH DER SALAT AM SCHÖNSTEN – UND AUCH AM BESTEN – TRANSPORTIEREN.

3
GANZ EASY

QUARK MIT FRISCHEN HIMBEEREN

Quarkzubereitungen gibt es in jedem Kühlregal, sie sind aber auch in einem Viertelstündchen selbst gemacht. So frisch und fruchtig kann kein Fertigprodukt schmecken.

1 Den Quark mit der Sahne und dem Puderzucker in einer Schüssel verquirlen. Die Mohnzubereitung und nach Belieben das Vanillearoma untermischen. So viel Orangensaft unterrühren, bis die Quarkmasse die gewünschte Konsistenz hat. Die Himbeeren verlesen, waschen und trocken tupfen.

2 Die Mohnquarkmasse gleichmäßig auf die Einmachgläser verteilen. Die Himbeeren darüberstreuen, mit Puderzucker bestäuben und mit Pistazien bestreuen.

ZUTATEN

FÜR 4 EINMACHGLÄSER
500 g Magerquark
150 g Sahne
3 EL Puderzucker
70 g backfertige Mohnzubereitung
½ Röhrchen Vanillearoma (nach Belieben)
ca. 50 ml Orangensaft
300 g Himbeeren
Puderzucker zum Bestäuben
gehackte Pistazien zum Bestreuen

ca. 15 Min.

OHNE MOHN

Wer keinen Mohn mag, lässt ihn weg und rührt stattdessen gehackte Pistazien unter den Quark. Schokofans können den Mohn durch Schokostreusel ersetzen.

EXTRA CREMIG

250 g Magerquark und 250 g Mascarpone mit dem Puderzucker verquirlen und mit Orangensaft cremig rühren. Schmeckt ebenfalls mit oder ohne Mohn.

WINTERQUARK

Mohn im Quark weglassen und statt Himbeeren angedünstete, mit Zimt und Zucker gewürzte Äpfel verwenden. Mit gehackten Walnüssen bestreuen.

MILCHREIS MIT KIRSCHEN UND MANDELCRUNCH

Für alle, die es gern süß mögen. Wohlfühlessen, das nicht ungesund ist.

1 Den Milchreis mit der Milch, der Sahne und 1 Päckchen Vanillezucker in einem hohen Topf unter Rühren zum Kochen bringen. Den Reis zugedeckt bei schwacher Hitze etwa 30 Minuten gar ziehen lassen, dabei ab und zu umrühren.

2 Die Sauerkirschen mit übrigem Vanillezucker, Zucker und 50 ml Wasser in einem Topf erhitzen. Die Speisestärke mit etwas kaltem Wasser glatt rühren und unter die Kirschen mischen, einmal aufkochen und andicken lassen. Topf vom Herd nehmen.

3 Die Mandelblättchen in einer Pfanne ohne Fett anrösten, bis sie duften. Den Zimtzucker unterrühren, kurz mitrösten, dann die Pfanne vom Herd nehmen.

4 Den Milchreis auf die Einmachgläser verteilen. Die Kirschen gleichmäßig auf den Milchreis löffeln und die Mandeln darüberstreuen. Die Gläser verschließen und Milchreis nach dem Abkühlen im Kühlschrank aufbewahren.

Tipp:

Im Sommer gibt es Milchreis mit frischen Kirschen, Lieblingsbeeren, reifen Aprikosen, Nektarinen oder Pfirsichen.

ZUTATEN

FÜR 4–6 EINMACHGLÄSER
250 g Milchreis
1 l Milch
50 g Sahne
2 Päckchen Vanillezucker
450 g tiefgekühlte Sauerkirschen
1 EL Zucker
1½ EL Speisestärke
6 EL Mandelblättchen
1 TL Zimtzucker

ca. 25 Min.
+ ca. 30 Min. Garzeit

lecker!

KÄSEKUCHENHÄPPCHEN MIT FRÜCHTEN

Ganz viele frische Mini-Käseküchlein, die ein paar Tage im Kühlschrank halten, sodass man jeden Tag ein paar Häppchen mit frischen Früchten mit in die Brotbox geben kann. So macht Obstessen Spaß!

1 Den Backofen auf 180 °C vorheizen. Den Boden der Springform mit Backpapier belegen, den Springformrand daraufsetzen und das Backpapier mit einspannen.

2 Quark, Schmand, Eier, Zucker, Puddingpulver, Zitronenschale und -saft in einer Schüssel mit den Quirlen des Handrührgeräts zu einer glatten Masse verrühren. Nicht zu lange rühren, denn es soll möglichst wenig Luft in die Masse kommen, damit die Häppchen später schön fest werden. Die Quarkmasse in die Springform füllen und im Ofen auf der mittleren Schiene etwa 35 Minuten backen. Herausnehmen und kalt werden lassen.

3 Den Kuchen in kleine Quadrate von etwa 2,5 cm schneiden. Die Häppchen in den Kühlschrank stellen. Vor dem Mitnehmen geputzte Beeren und Früchte daraufspießen, zum Beispiel Erdbeeren, Himbeeren, klein geschnittene Pfirsiche, Birnen, Zwetschgen oder andere Lieblingsfrüchte. Oder abwechselnd Käsekuchenhäppchen und Früchte auf Holzspieße stecken.

Tipps:

Wer keine eckige Springform besitzt, bäckt die Masse in einer runden Springform und schneidet nach dem Backen die Rundungen ab, sodass ein Quadrat entsteht.

Mit, aber auch ohne Mürbeteigboden wird aus der Quarkmasse ein leckerer Käsekuchen. Wer ihn gerne hoch mag, nimmt die doppelte Zutatenmenge.

mmh!

ZUTATEN

FÜR 1 ECKIGE SPRINGFORM MIT 23 × 23 CM

500 g Magerquark
200 g Schmand
4 Eier
100 g Zucker
1 Päckchen Vanillepuddingpulver
etwas abgeriebene Bio-Zitronenschale
2 EL Zitronensaft
verschiedene Beeren und Früchte zum Aufspießen

ca. 10 Min. + ca. 35 Min. Backzeit

HEIDELBEERDREIECKE

An manchen Tagen braucht man einfach Kuchen. Mit Früchten und Haferflocken als kleinem Nährstoffbonus. In kleine Stücke geschnitten perfekt zu transportieren.

1 Die frischen Heidelbeeren verlesen, waschen und trocken tupfen. Tiefkühlfrüchte nur leicht antauen lassen.

2 Den Backofen auf 180 °C vorheizen. Die Backform einfetten. Die Butter mit den Eiern, dem Zucker und der Vanille schaumig rühren. Die Haferflocken untermischen, Mehl und Backpulver nur kurz unterrühren, dann die Heidelbeeren vorsichtig unterheben. Den Teig in die Form füllen und im Ofen auf der mittleren Schiene etwa 35 Minuten backen. Abkühlen lassen.

3 Den Kuchen erst längs in 3 Streifen und diese in je 4 quadratische Stücke schneiden. Jedes Stück diagonal durchschneiden, sodass 24 Ecken entstehen. Mit Puderzucker bestäuben.

ZUTATEN

FÜR 1 RECHTECKIGE BACKFORM MIT 35 × 23 CM

300 g Heidelbeeren (frisch oder tiefgekühlt)
Butter für die Form
200 g weiche Butter
4 Eier
120 g Zucker
etwas gemahlene Vanilleschote
100 g feine Haferflocken
200 g Mehl
1 EL Backpulver
Puderzucker zum Bestäuben

ca. 25 Min.
+ ca. 35 Min. Backzeit

MIT GUSS

Die Heidelbeeren nicht unter den Teig rühren, sondern in der Form auf dem Teig verteilen. 250 g Quark mit etwas Zucker und 2 Eiern verrühren und über die Heidelbeeren gießen, dann backen.

VOM BLECH

Die Heidelbeerschnitten lassen sich auch auf einem Backblech zubereiten, dann werden sie aber noch flacher. Außerdem verkürzt sich die Backzeit um etwa 5 bis 10 Minuten.

FRUCHTWECHSEL

Statt Heidelbeeren Johannisbeeren oder eine Beerenmischung verwenden. Lecker sind auch Aprikosen, die man in Spalten auf den Teig legt oder klein gewürfelt unterrührt.

MANGO-KEFIR-DRINK

VIEL GESCHMACK, WENIG FETT

ERDBEER-TRINK-JOGHURT

EXTRA FRISCH MIT MINZE

MELONEN-SMOOTHIE

LECKER CREMIG
MIT BANANE

ANANAS-ORANGEN-MIX

SÜDSEE-FEELING
FÜR DIE PAUSE

ERDBEER-TRINKJOGHURT

1 Die Erdbeeren waschen, putzen, halbieren und mit dem Holunderblütensirup pürieren. Den Joghurt und die Milch untermixen.

2 Die Minze waschen und trocken tupfen, die Blätter abzupfen, fein hacken und unter den Joghurtdrink rühren. Nach Belieben noch etwas nachsüßen. In Fläschchen mit Schraubverschluss füllen und in den Kühlschrank stellen.

ZUTATEN

FÜR CA. 600 ML
250 g Erdbeeren
2 EL Holunderblütensirup
250 g Naturjoghurt
200 ml Milch
1 Stiel Minze

ca. 10 Min.

MANGO-KEFIR-DRINK

1 Das frische Mangofruchtfleisch grob in Stücke schneiden, das tiefgekühlte auftauen lassen, es darf aber ruhig noch einen gefrorenen Kern haben.

2 Mango in einem hohen Rührbecher oder im Standmixer mit etwas Kefir fein pürieren. Den Zitronensaft, den Vanillezucker und den restlichen Kefir dazugeben und noch mal gut durchmixen. Den Mango-Kefir-Drink mit etwas Kardamom abschmecken. In Fläschchen mit Schraubverschluss füllen und kühl stellen.

ZUTATEN

FÜR CA. 1 L
300 g Mangofruchtfleisch (frisch oder tiefgekühlt)
2 Becher Kefir
1 EL Zitronensaft
2 Päckchen Vanillezucker
Kardamompulver

ca. 10 Min.

MELONEN-SMOOTHIE

1 Die Melone in Scheiben schneiden. Das Fruchtfleisch von der Schale schneiden und in Würfel schneiden. Die Banane schälen und in Stücke schneiden.

2 Die Melonenwürfel und Bananenstücke mit dem Orangen- und Zitronensaft in einem hohen Rührbecher oder im Standmixer pürieren. In Fläschchen mit Schraubverschluss füllen und in den Kühlschrank stellen.

ZUTATEN

FÜR CA. 800 ML
½ kleine Wassermelone
1 Banane
100 ml Orangensaft (am besten frisch gepresst)
2 EL Zitronensaft

ca. 10 Min.

ANANAS-ORANGEN-MIX

1 Die Ananas schälen, vierteln und den harten Strunk herausschneiden. Das Fruchtfleisch in Würfel schneiden.

2 Ananasstücke mit dem Honig, dem Limettensaft und etwas Orangensaft in einem hohen Rührbecher oder im Standmixer pürieren. Dann den restlichen Orangensaft untermixen. Den Smoothie in Fläschchen mit Schraubverschluss füllen und in den Kühlschrank stellen.

ZUTATEN

FÜR CA. 800 ML
1 reife Ananas
2 EL Honig
2 EL Limettensaft
400 ml Orangensaft (am besten frisch gepresst)

ca. 10 Min.

REGISTER

A

B

C

E

F/G

H

I/J

K

M

O/P

Q/R

S

T

V/W/Z

BASTELANLEITUNGEN

DIE AUTORIN: CHRISTIANE KÜHRT

Multitasking? Ein Kinderspiel für Christiane Kührt. Wenn die freie Journalistin und Autorin mit dem Schwerpunkt Ernährung und Essen&Trinken gerade nicht für „Eltern" und „Eltern family" schreibt, in Buchverlagen lektoriert oder Broschüren für Unternehmen der Lebensmittelbranche konzipiert, überlegt sie sich leckere, witzige Rezepte und andere Dinge, die eine Pause perfekt werden lassen, und macht eben schnell noch dieses Buch draus.

DANKE

Ein herzliches Dankeschön an meine Lieblingsmenschen, Testesser und Gourmetberater Andreas, Annika, Tobias, Uschi und Claudia. Ihr Feedback ist immer eine große Motivation. Wenn kaum ein Tag ohne anerkennende Worte vergeht und ich sogar eine SMS bekomme, weil die Pause so lecker schmeckt, dann spornt das an.

Margarethe Brunner ist mehr als eine gewissenhafte Lektorin, sie lässt sich schnell inspirieren und hat sofort vieles für ihre Familie nachgekocht. So sind die Rezepte gleich mehrfach geprüft. Mit Projektleiterin Eva-Maria Hege war es wie immer herrlich entspannt zu arbeiten. Dankeschön auch an das wunderbare Fototeam: Julia Hoersch hat mit ihren Foodstylisten Adam Koor und Julia Luck wieder die appetitlichsten Bilderbuchfotos gemacht. Und Stylistin Katja Graumann bereichert nicht nur die Fotos durch liebevolle Requisite, sondern auch das Buch mit ihren kreativen, aber für jedermann machbaren Bastelideen für Pausenbrottüten und Gläser zum Mitnehmen.

IMPRESSUM

ISBN 978-3-89883-733-0 | 1. Auflage 2017

Projektleitung: Eva-Maria Hege
Rezepte & Texte: Christiane Kührt
Lektorat: Margarethe Brunner
Grafische Gestaltung: seidldesign.com, Irene Schulz
Satz: Karin Miller
Fotografie: Julia Hoersch (außer Cover oben rechts: StockFood/Blend Images)
Foodstyling: Julia Luck, Adam Koor
Styling und Bastelanleitungen: Katja Graumann
Producing: Jan Russok
Herstellung: Frank Jansen
Druck & Bindung: optimal media GmbH, Röbel

Im Buch enthaltene Foodfotos können zur eigenen Nutzung erworben werden unter www.stockfood.com

Die ZS Verlag GmbH ist ein Unternehmen der Edel AG, Hamburg.
www.zsverlag.de | www.facebook.com/zsverlag

DOWNLOAD

Die Vorlage für den Elefanten von S. 45 sowie für weitere Tier-Ilus können Sie sich auf www.zsverlag.de herunterladen.

Auf den Geschmack gekommen?

Outdoor ist in – denn draußen schmeckt's am besten. Über 40 Knallerrezepte für Camping, Picknick & Co.

Susanne Klug
Abenteurerküche
€ [D] 14,99
ISBN 978-3-89883-650-0

Happy Birthday – lecker für die Kinder, entspannt für die Eltern und ein großer Spaß für alle.

Christiane Kührt
Ganz easy Kindergeburtstag
€ [D] 14,99
ISBN 978-3-89883-633-3

Gleich weiterkochen!

Jetzt überall, wo es gute Bücher gibt.